传媒集刊

中国传媒教育观察 2023

主编 ◎ 赵 倩

CHINESE MEDIA EDUCATION REVIEW

中国传媒大学出版社
·北 京·

目　录

专　稿

003 构建学习情境链
——基于混合式方法的新闻传播理论教学创新探索
吴占勇　包勤伙

010 人工智能时代新闻传播教育的情境建构
赵红勋　薛璐瑶

人才培养

021 地方新闻传播院校服务于县级融媒体发展研究
——以湖北省新闻传播院校及县级融媒体中心为例
杨开源

027 从“主持人”到“网络主播”：校政企协同育人创新人才培养策略
薛　丹

033 “技术驱动”与“价值弥合”：高校传媒教育的技术哲学思考
吕成凤

041 情感：数字时代新闻传播应用型人才培养的关键
张少君

课程思政

049 基于案例教学法的公关思政融合教育策略研究

邓翠平

056 “互联网 +”背景下高校课程思政教学模式探索

马　旻

实践教学

065 传媒院校“内涵 + 应用”教育的探索与实践

——以武汉传媒学院电影与电视学院为例

李　华

071 高校“双线混融”教学模式的实践与探究

王玲玲

078 浅谈产教融合背景下应用型传媒人才培养理论与实训一体化课程实践教学改革

——以“纪录片创作”课程为例

王　雷

086 “影视照明”课程实践教学探究

——以武汉传媒学院影视摄影与制作专业为例

刘阿男

090 线上线下混合式教学模式在影视制作类课程中的实践与探索

宋博雅

传媒思考

103 5G背景下的“Vlog+时政新闻”报道模式优化研究
杨慧霞

110 短视频传播视域下青年群体话语失范及对策研究
卜凡凡

121 媒介融合对数字出版的影响探究
刘　丽

127 融媒体背景下社会热点新闻舆情传播策略
程　平

133 全球化语境下华语流行音乐的文化混生性
——以中韩流行音乐的跨文化特征切入
符逸帆

148 以命运作桥梁：在华离散群体的生命叙事与共同体重构
汪姝伦

专　稿

构建学习情境链

——基于混合式方法的新闻传播理论教学创新探索*

Construction of Learning Situation Chain: Innovative Exploration of the Journalism and Communication Theory Teaching Based on Blending Method

◎ 吴占勇　包勤伙

Wu Zhanyong　Bao Qinhuo

摘要:在智能传播时代,新闻传播理论教学面临着知识更新、方法更新、目标更新三重现实。基于线上线下混合式教学的发展趋势,本文提出构建学习情境链策略,其内涵是依托线上数字资源和线下教学手段,搭建虚拟情境与现实情境相融合的教学框架,打造以学生自主探索知识为核心的全过程理论学习方式。根据课前、课中、课后三个教学阶段的不同教学目的,学习情境链可分为现象情境、问题情境和迁移情境三个部分,分别对应挖掘学生发现问题、分析问题和解决问题的三种能力,以此将知识教学与能力培养相结合,将既有理论与前沿实践相结合,充分运用信息化教学手段,重构新闻传播理论教学路径。

Abstract: In the era of intelligent communication, the teaching of the theory of Journalism and communication faces the triple reality of knowledge update, method update and goal update. Based on the development trend of online and offline mixing teaching, this paper proposes a strategy of building a learning situation chain, the connotation of which is to rely on online digital resources and offline teaching methods to build a teaching method that integrates virtual and real situations, and to create a theoretical learning method centered on students' independent exploration of knowledge in the whole process. According to the teaching stages before, during and after class, the learning situation chain can be divided into three parts: phenomenal

---

* 本文系2022年度中央民族大学一流本科课程建设项目"视听新媒体节目分析"(项目编号:KC2205)的阶段性成果,北京市教育工会"北京高校青年教师创新教研工作室"建设项目的阶段性成果。

situation, problem situation and transfer situation, which correspond to students' ability to discover problems, analyze problems and solve problems, so as to combine knowledge teaching with ability training, combine existing theories with the latest frontiers, and make full use of information-based teaching methods to reconstruct the teaching path of the journalism and communication theory.

关键词:情境链;混合式教学;理论教学;创新

Keywords: Situational chain, Blending teaching, Theoretical teaching, Innovation

一、问题的提出

当前人类社会已经进入智能传播时代,新闻行业的整体形态、生产逻辑、运营规律面临着根本性变革,在此基础上,新闻传播高等教育亟须呼应行业需求,开展从知识体系到教学方法的立体更新。在新闻传播类专业人才培养中,新闻传播理论教学具有基础性作用,它不仅是建立新闻传播人才职业意识和专业素养的基石,也是指引专业学子开展行业实践的行为指南。理论教学在新闻传播育人体系中历史悠久、地位深厚,但其本身也具有相对抽象、枯燥的整体性特征。而在新闻传播业态和信息技术迅速变革的当下,理论教学正面临着进一步的挑战,这些挑战主要分为三个方面。

(一)传统的理论知识结构正在发生变化,教学内容面临动态更新

自网络传播技术被运用于新闻传播行业以来,新闻生产逻辑不断被重塑,ChatGPT、元宇宙、人工智能等技术进一步激发了全社会对新闻传播未来的想象,这些都对现有的理论知识结构形成了极大的冲击。以"新闻学理论"课程为例,传统的理论教学通常选用职业新闻理论范式下的知识体系,即围绕职业新闻生产因素开展教学。但当前新闻传播活动已深入每一位拥有网络设备的普通大众,新闻学理论范式面临向社会范式或关系范式的转型,单纯的职业新闻生产知识已无法解释当下传播主体多元、技术深度介入和传播关系复杂的新闻活动格局,教学内容更新已成必然趋势。

(二)理论学习的目的不再局限于掌握知识,而是具备对知识的可迁移运用能力

理论是对某一学科领域运作规律的概括。传统教学注重培养学生对理论知识的记忆和复现能力,将之看作学生的专业基本功,由此帮助学生树立对该学科领域牢固

的认知基底。然而，当下的新闻传播领域伴随着信息科技的发展而不断演化，新的新闻形态、传播现象层出不穷，单纯记忆既有知识体系显然已无法满足与时代共进的学习要求。在当前的新型传播生态下，学生不仅要掌握知识，还要在复杂、多变以及新出现的传播现象面前培养自身的分析能力，学会用知识把握不同的媒介现象，尝试解决前沿发展中的新问题，做到对知识的可迁移运用。

（三）理论教学的方式方法面临重构，以适应信息化时代学生的学习规律和接受特点

传统上，新闻传播理论课程教学以讲授为主，教师讲解、学生聆听，教师通过学生完成的课堂作业或阶段性考试检验教学效果。然而，这种教学方法已不能满足当前的教学需求，随着信息化时代的发展，教学改革已迫在眉睫。其一，新闻传播类专业本身与信息技术具有强关联性，专业特征要求专业教师在教学中融入相应的技术手段；其二，我国教育信息化“已由起步应用阶段进入融合创新阶段”[①]，尤其当下高校学子已是在互联网环境下成长的Z世代，运用符合Z世代接受规律的信息化手段创新教学方法势在必行。相比新闻传播实务类课程，理论类课程在信息化教学重构过程中需要更多的创新设计，这对教师的信息化思维和教学能力形成了挑战。

总体而言，新型信息传播生态对新闻传播理论教学提出了知识体系更新、学习方法更新、能力培育更新等多重要求，尤其是理论教学与前沿案例结合的必要性愈加显著。理论教学必须打破教师单向讲授的传统模式，培养学生自主探索知识和灵活运用知识的能力，真正实现从“以教为中心”到“以学为中心”的转换。这就要求我们充分利用信息技术，重整教学资源，重塑教学流程，重构教学情境，用多元手段创新理论教学范式与途径。

二、混合式方法框架下学习情境链的理念内涵

线上线下混合式教学是近年来教育信息化的发展热潮，它以提升学生的学习深度和效度为核心，立体整合线上学习和线下教学的优势。从形式上看，混合式教学集纳了两种不同的学习方式，但究其本质，线上学习并非对线下教学的简单补充，而是与线下教学形成功能明确、有机衔接的教学整体，从而实现“教学信息化塑造新型教学形态”[②]的功能落点和价值落点。本文认为，线上线下混合式方法对于新闻传播理论教

① 侯君，李千目.信息技术与治理双向赋能高校教学——从填平“数字鸿沟”到补齐高质量发展“短板”[J].中国大学教学，2022(5):43-50.

② 高松.以教学信息化促进高校人才培养质量提升[J].国内高等教育教学研究动态，2019(11):10.

学的关键启示,不单单是运用线上资源拓展知识链条,更在于依托不同教学手段建构多元学习情境,引导学生在不同情境中探索知识和运用知识。基于此,本文提出"学习情境链"概念,意指利用线上学习资源和线下教学方法,以搭建与理论知识相关的情境为核心,建立贯通课前、课中、课后的系列学习情境,重构学生获取知识的流程与方法。具体而言,学习情境链包含以下理念内涵。

(一)从倚重课堂情境转向建立全过程学习情境

情境教学并非新鲜事物,在传统的线下课堂教学中,情境教学被视为学生参与式学习的重要手段,它能够将认知与情感、形象思维与抽象思维、教与学巧妙地结合起来,充分激发学生的积极性、主动性和创造性。[①] "新闻传播理论课程具有抽象性和思辨性强的特点"[②],塑造具象的、可感可知的学习情境对于学生消化和理解知识十分必要。在当前的课堂教学中,教师往往能够通过新闻传播实践中的具体案例将学生引入特定情境,调动学生综合感官开展知识学习,但有限的教室空间和课堂时间,对教师的情境教学实践形成了巨大的挑战。教师需要平衡在课堂上开展情境教学和其他教学活动的时间,尤其是对于知识重点、难点和知识框架的构成体系,教师需要在课堂上集中讲解。建立教学情境链,将课前、课后时空纳入学习逻辑,能够有效延展学生的学习过程,重塑信息化时代的教学路径。

(二)打造以学生自主探索为核心的理论学习方式

教育的真谛是"当你忘记一切所学到的东西后所记得的东西",正确的学习观和深度的学习方法是学习型社会、终身学习社会对大学生的根本要求。[③] 新闻传播理论知识伴随着信息社会的发展而不断更新,相应的理论教学也应注重培养学生自主获取知识和分析问题的能力。情境教学所具有的强烈的参与式学习属性,能够激发学生在既有情境中对知识的主动获取,教师由知识的传授者转变为带领学生探索知识世界的引领者,这一过程需要教师对不同环节学习情境的精心搭建。教师应积极挖掘线上学习资源,在基础理论之外融入体验课堂知识的实践,于体验中激发学生对知识的探索兴趣;建立课堂学习情境,引导学生对知识开展研讨式学习,强化学习深度;将课后学习任务与具体情境相结合,培养学生在动态场景中灵活运用知识的能力。

---

① 沈新娣.对情景教学法教学效果的统计分析[J].中国成人教育,2010(12):141-142.

② 何顺民,史晖.知识网络化背景下地方高校新闻传播学专业理论课程教学的变革与探索[J].教育传媒研究,2022(6).

③ 陈明选,陈舒.论信息化环境下大学生的有效学习[J].高等教育研究,2013(9):65-72.

(三)学习情境链是虚拟情境与现实情境的有机融合

教学情境的核心在于引发学生的情感反应,其形态是能够使学生积极主动建构知识的学习背景、条件和环境等。① 以该定义为基准,当信息化手段日益融入教学活动中,教学情境的内涵应随之扩展。当前已有学者对新闻传播虚拟教学情境提出讨论,认为"虚拟情境是教师结合新媒体手段引入或创设的具有一定情绪色彩、以形象为主体的新闻现场虚拟场景,它能够引发学生的态度体验和积极参与"。② 本文所提出的情境链,亦是依托线上线下混合式教学方法搭建的能够激发学生情感活动和参与活动的情境体系,各个情境以形象化方式诉诸学生感官,在教师的问题牵引下,学生的情境感知转化为问题探索。因此,情境链中既包含运用在线影像资源搭建的问题探索情境,也包含课堂中教师创建的参与式学习情境,还包括课后学习中的现实实践场景,是虚拟情境与现实情境的融合。

三、新闻传播理论教学中学习情境链的构建策略

理论学习需要在不断的思考和运用中才能得以深化,基于培养学生的知识获取能力和实践能力的教学目标,学习情境链的搭建应富有层次性,各个情境应具有明确的功能定位。根据课前、课中、课后三个学习阶段的不同教学目的,结合不同阶段的学习任务和特点,本文将学习情境链分为现象情境、问题情境和迁移情境三个方面,串联起学生课内外学习的整个过程。

(一)现象情境

现象情境对应课前学习阶段,指教师运用互联网数据资源为学生提供与教学内容相关的网络虚拟场景。现象情境主要是教学知识点在社会生活中的具体表征,由学生在可感可知的情境中对教学内容进行感性认识。在这一阶段,教师需依据情境内容设置启发性思考问题,引导学生在情境感知中进行对知识的初步探索。同时,现象情境学习需要与内容预习同步进行,学生初步了解知识内容后,可以在情境感知中生发出对知识的立体思考,从而能够发现知识学习的重点和难点,提高后续学习效率。现象情境主要通过网络视听资源营造,涉及电影、电视剧、新闻报道以及自制视听资源等,

---

① 颜晓程.深度学习视域下的教学情境反思与建构[J].当代教育科学,2022(11).

② 付松聚.新闻采访与写作课程"虚拟情境"教学探索[J].青年记者,2019(3):99-100.

依赖于视听文本具象化的传播特征。例如,针对“拟态环境”或“把关人”理论的教学,可选择表现媒体生产过程的电影作为现象情境资源,让学生带着学习问题思考电影中的现象。再如,针对新闻传播伦理教学,可将争议性新闻报道设置为现象情境,让学生思考其中的伦理问题。现象情境教学有助于教师更好地了解学生的学习情况,为后续学习做好铺垫。

(二)问题情境

问题情境对应课堂学习阶段,指教师提出具体问题并以此展开课堂教学,教学形式由教师单纯讲授转变为师生互动讨论,以此充分激发学生的参与积极性。教师可围绕问题设置具体的问题情境,将学生带入问题的现实情境中去思考解决问题。这一阶段课堂教学的定位在于,教师带领学生在课堂上探索知识重点和难点,而对于一些简单、易理解的知识,学生需要在课前完成预习。因此,教师在正式上课前对于学生的知识前测(Pre-assessment)不可或缺,以此判定学生对知识的掌握情况。问题情境的建构,可以通过模拟新闻生产、组织现场辩论、开展案例诊断等方式实现,其核心是引导学生带着问题学习知识,在提出问题与解决问题的过程中强化对知识的理解与运用。例如,围绕“新闻价值的五要素”,教师可设置具体的现实新闻生产情境,引进社会因素、法律因素、政策因素等综合考虑,学生可以在这种模拟实践中更好地认识到新闻生产的规律。

(三)迁移情境

迁移情境对应课后学习阶段,指教师运用线上线下教学资源,为学生搭建多元复合的实战应用场景,鼓励学生运用所掌握的知识独立分析问题和解决问题。迁移情境的实现方式多种多样,例如,组织学生进行专题社会调查、采访专业新闻工作者、分析最新的新闻现象等,学生能够运用所学知识的现实场景均可作为迁移情境。迁移情境的设置应体现高等教育高阶性、创新性和挑战度的“两性一度”要求,其核心是培养学生运用所掌握的知识独立分析问题和解决问题的能力。

综上所述,学习情境链的各个环节均由问题牵引,学生可以在具象的行业与社会情境中探索抽象的理论问题。教师在搭建学习情境链的过程中,一是要将教学知识进行层层转化,二是要建立情境之间的相关性和递进性。情境链理念的提出,得益于互联网技术给人类生活带来的深刻影响,教师借助于互联网渠道,为学生搭建起线上与线下相融合的综合学习情境。在这一过程中,数字教学资源库的建设尤为重要,它们是营造教学情境的素材来源和基本载体。除了网络视听产品和大学慕课等在线资源外，包括教师的教学课件、学生的自拍短视频等，都可以构成教学资源库的重要内容。

四、结语

学习情境链的引入，旨在改变新闻传播理论教学“讲授—背诵—考试”的传统线性模式，它以信息化教学为基础，以学生学习知识的自主性和成长性为核心重构理论教学路径。这一新型教学方法既符合移动互联网时代高等教育的信息化发展趋势，也呼应了新闻传播业态迅速变化的现实。学习情境链在激发学生学习自主性的同时，也为教师提供了丰富多样的教学反馈，以此形成了更为充分的过程性评价。作为线上线下混合式教学的一种创新实践方式，学习情境链的搭建需紧密围绕课程知识体系展开，并依据行业发展前沿做出动态调整。随着高等教育界对虚拟教研室、虚拟仿真课程等多样化教学团队和教学手段的建设日益成熟，理论教学转型将具备更加坚实的现实条件，学习情境链也会具有更加多元的实现方式。

（吴占勇，中央民族大学新闻与传播学院讲师、硕士生导师；包勤伙，中央民族大学新闻与传播学院硕士研究生）

人工智能时代新闻传播教育的情境建构*

Situational Construction of Journalism and Communication Education in the Age of Artificial Intelligence

◎ 赵红勋　薛璐瑶

Zhao Hongxun　Xue Luyao

摘要:在人工智能的不断嵌入下,新闻传播教育正面临着前所未有的深刻变革,尤其是情境变化最为凸显。新闻传播教育的情境建构主要通过情境营造、情境强化、情境超越三个方面予以体现:以情境营造为依托,打造基于人工智能的新闻传播知识体系,搭建多元融合的教学环境,更迭人工协同的教学方式;以情境强化为手段,深化新闻传播教育的交互式教学效果,形塑沉浸式教学体验;以情境超越为目标,革新新闻传播教育的人才培养模式,再现时刻在场的全新课堂形态,彰显去中心化的权威祛魅理念。

Abstract: With the continuous embedding of AI, journalism and communication education is facing unprecedented profound changes, especially the most prominent situational changes. The situational construction of journalism and communication education is mainly reflected in three aspects: situation creation, situation strengthening, and situation transcendence. Based on situation creation, reconstruct the knowledge system of news communication based on artificial intelligence, build a diversified and integrated teaching environment, and change the teaching method of artificial collaboration; Deepen the interactive teaching effect of news communication education and create an immersive teaching experience by means of situational reinforcement; With the goal of situation transcendence, we should innovate the talent training mode of news and communication education, reproduce the new classroom form of being present at all times, and highlight the concept of decentralized authority disenchantment.

* 本文系2022年度河南大学研究生教育教学改革研究与实践项目(项目编号:YJSJG2022XJ053)的阶段性成果。

关键词：人工智能；新闻传播教育；情境教学；教育教学；教学方式

Keywords: Artificial intelligence, Journalism and communication education, Situational teaching, Education and teaching, Teaching methods

作为科技革命和产业变革的核心支撑和重要力量，人工智能的出现重塑了新闻传播行业的媒介样态、生产流程及传播格局，不仅为新闻传播实践的智能化发展注入了新的活力，而且引发了新闻传播教育的重大变革。而教育情境作为新闻传播教育的重要依托和基本内涵，在人工智能的介入下也有了全新的建构路径和可能。本文在情境理论的观照下，以新闻传播教育为研究对象，致力于探讨其情境建构问题，勾勒出新时代新闻传播教育的全新风貌，为当代新闻传播教育的理念导引以及实践变革提供一定的思路。

一、情境：新闻传播教育的重要依托

2019 年 6 月中共中央、国务院颁布《关于深化教育教学改革全面提高义务教育质量的意见》，明确提出"重视情境教学"的目标要求。[①] 作为近年来教学变革中被屡次提及的概念，情境早已成为现代教学中不可或缺的组成部分。而很多时候，情境被等视为"情景""环境""场景"，与其本真的意义存在一定的差别。若要真正理解情境，需要从以下两方面着手。

一方面，从传播学视阈来看，情境源于美国著名传播学者欧文·戈夫曼（Erving Goffman）的"拟剧理论"，后又在梅罗维茨对"媒介改变场景进而改变行为"的分析中进一步拓展延伸为"媒介情境论"。在戈夫曼看来，情境是指"任何在某种程度上感觉到屏障限制的地方"。[②] 而随着现代科技的发展和各类新型媒介的盛行，戈夫曼的情境理论也开始凸显出一定的局限。梅罗维茨在意识到这一问题后，创造性地将媒介、情境和行为联系起来，提出新媒介的产生使场景突破了时间和空间的物理限制，影响人们交往的因素不再是自然场所及社会场所间的联系，而是新旧场景混合下的新信息流动的模式。[③] 也就是说，在梅罗维茨的视角下，情境指能够产生信息流通的任何情

---

① 王灿明.情境：意涵、特征与建构——李吉林的情境观探析[J].教育研究，2020，41(9)：81-89.

② 戈夫曼.日常生活中的自我呈现[M].黄爱华，冯钢，译.杭州：浙江人民出版社，1989：102.

③ 黄勇军，时已卓.媒介情境论视域下教师线上授课的困境、症结与对策研究[J].教育科学研究，2021(11)：84-90.

况,包括新的电子媒介产生的电子情境,以及电子情境和传统情境融合而成的全新情境。[①] 而作为限定性因素的情境的变化能够进一步诱发个体行为变化。

另一方面,从教育学视阈来看,情境源于“情境学习与认知”理论,指一个人所处的物理环境或社会环境,同时强调物理环境或社会环境同学习个体之间的交互。在这一视角定义下,情境是整个学习过程中重要且有意义的组成部分,任何学习都不可能脱离具体情境而产生,情境不同,学习的模式也不同,学习受具体的情境特征的影响。[②] 综合以上两种视角,我们可以得出以下结论:只有置身于具体情境之中,才能够引发个体行为的改变;只有参与到具体情境之中,才能够确保个体学习机制的顺利触发。

对于新闻传播教育而言,情境的营造、建构以及延伸往往起着举足轻重的作用。一方面,新闻传播学科的特殊性使得新闻传播教育向来比其他学科门类更强调实践和理论的高度统一。然而,在实际的教学活动当中,“重文本轻实践”“重理论轻操作”等现象比比皆是,大多数的新闻传播教学仍以传授理论知识为主,往往忽视了对学生实践能力的培养和提升。毋庸置疑,在这种学习模式下,学生很难将刻板化的理论知识内化成自己的认知体系,其个人媒介素养的提升亦无法得到有效保证。如果在教学活动中建构和插入相关教学情境,则不仅能够帮助学生进入沉浸式的学习状态,也能够确保学生对知识的吸收和理解以及促进个人实践能力的提升,从而为传媒行业培养真正需要的新闻人才。另一方面,随着科技化、智能化、数字化成为当下传媒行业的重要发展趋向,新闻传播教育也应紧跟智能浪潮,充分利用科技手段重塑新闻传播教育新样态,比如,利用增强现实技术营造非传统化的电子情境,使学生进入沉浸式虚拟场景中亲自体验知识的魅力。总之,情境是新闻传播教育的重要依托,亦是新闻传播教育的基本内涵。合理的情境构建不仅能够充分调动新闻传播学子的学习兴趣,更能够培养出专业素质高、实践创作能力强的优秀新闻人才,同时,多维情境建构也是新时代新闻传播教育改革的重要实现途径和手段。

二、情境营造:新闻传播教育的旧式消解与新式呈现

在新闻传播教育的课堂呈现中,情境营造发挥着重要作用。合理的情境营造不仅能够承载起教育的本质初衷,而且能够真正触达受教育者内心,实现教与学的双赢。人工智能背景下的新闻传播教育在课堂情境的营造过程中,往往以智能化思维为导

① 车淼洁.戈夫曼和梅洛维茨“情境论”比较[J].国际新闻界,2011,33(6):41-45.

② 姚梅林.从认知到情境:学习范式的变革[J].教育研究,2003(2):60-64.

向，借由“知识体系重构”“教学环境搭建”“教学方式变革”等途径，瓦解新闻传播教育的旧式课堂风格和呈现手段，重构集理论和实践于一体、科技和现实相交汇的智能化教学新样态和新情境。

(一)基于人工智能的知识体系重构

人工智能技术的飞速发展在为全球传媒行业注入新鲜血液的同时，也使得传媒行业与传媒教育间的鸿沟进一步加深。这主要体现在传统的新闻传播知识体系同智能思维理念之间的矛盾、落后的新闻传播实践教学同高度智能化的新闻生产之间的冲突，而这一切都与如今新闻传播教育的知识传授体系脱不开关系。所以，人工智能背景下的新闻传播教育的情境营造首先需要重构知识传授体系，尽快落实从传统媒体理论范式向智能媒体理论范式的重心转移。①

首先，随着内容数字化、产品数据化、生产智能化成为人工智能在传媒领域的外化表现，传媒行业越来越呼吁具备大数据、算法、图像识别、计算传播学等相关学习背景的传媒人才出现。基于此，将计算机算法、人工智能、大数据等相关知识纳入现有的新闻传播教育体系是培养传媒数字人才的首要之举，同时这一手段也能够有效弥合人工智能同新闻传播教育之间的理论鸿沟。其次，在人工智能的助推之下，“数据驱动新闻、算法生成内容”早已成为现代新闻生产的重要方式②，以智能采编、智能分发、智能反馈等为代表的新兴科技早已成为现代新闻生产的必备手段。对于新闻传播教育而言，其主要目的是为了培养新闻生产领域的传媒人才，所以理应将智能新闻生产的相关知识内容融入当下的新闻传播教育中，以便传媒学子能够顺利接轨当下新闻生产的智能化浪潮。最后，人工智能在为新闻传播领域带来极大便利的同时，也为其带来了关于伦理道德方面的争论和思索，如人工智能强大的数据采集和分析能力是否会对公众隐私问题造成威胁、基于算法的信息生产是否会导致新闻报道失真和新闻价值失衡等。而在至今尚未出台具体法律条例规范人工智能在传媒领域的应用和发展的情况下，在教学体系中适当纳入对于个人隐私、数据安全、算法偏见等伦理问题的研讨和分析，将有助于合理规避新闻伦理失范、数据安全失真等问题的出现。

(二)基于多元融合的教学环境搭建

作为教育活动实践的必要场所，教学环境是影响教学成果、促进知识接收的重要

---

① 曾丽红，李萍.人工智能时代传媒教育改革研究[J].传媒观察，2021(9)：69-74.

② 陈晓兵.人工智能＋传媒教育跨界融合生态重构[J].中国出版，2021(6)：36-38.

因素。一般而言,教学环境通常包含物质环境和社会心理环境两大方面。而人工智能的出现,不管是对教学的物理环境还是社会心理环境都产生了颠覆式的变革。因此,人工智能背景下对教学环境的数字化建构是新闻传播教育情境营造的重要一环。

一方面,在传统的新闻传播教育中,教学环境被弱化几乎是一种普遍现象。在由教师、教室、学生三元主体构成的新闻传播课堂中,教师口头讲授、学生用耳聆听是最为常见的教学模式,而在这一模式之下,教学环境仅作为物理遮蔽而存在,并没有在教学实践中发挥出其应有的潜在作用。这一不足限制了学生对新闻知识的全方位接收和理解。而在人工智能的影响下,多种智媒元素开始出现在新闻传播教学环境中,构建起了多元融合式的现代化传媒课堂。人工智能助教、人工智能投影等设备的使用不仅创新了知识的呈现方式,而且增加了课堂交互频率,助力学生深度学习。

另一方面,教学场景单一、闭塞也是现下传媒教育的一大弊端。大多数传媒院系中的新闻传播教学都仅以教室、多媒体机房作为主要的教学场所,而在这样的环境条件下,学生难以长时间保持高效学习状态。人工智能的介入恰好顺利解决了这一难题,构建起智能化、全媒体化的新型教学环境,如智能教室、虚拟网络课堂、实时在线课堂等,能够帮助师生跳脱出固有教学场地,以生动活泼的数字场景激发学生的学习兴趣。以浙江大学传媒与国际文化学院为例,其顺应人工智能浪潮搭建起智能融媒体实验室,以大数据智能分析、机器学习、智能机器写稿、智能媒体资产管理等技术为依托,覆盖了从基础的内容采写评编到信息分发、传播、运营等现代传播基本环节,令学生不再受时间、地点的限制,随时随地可以参与传媒实践训练,深化了传媒学习效果。

(三)基于人机协同的教学方式变革

作为教育活动发生的必然手段,教学方式是落实教学内容、实现教学目标的首要前提。过去的传媒教学多以师生为传受主体,任何教学活动的发生和推进都需要在人的主导下顺利完成。但随着人机协同的出现,过去在教育活动中一切依赖人、一切需要人的状况已经不复存在,机器开始渗透进教学活动中,成为助推教学活动顺利进行的重要元素。所以,人工智能背景下的新闻传播教育的情境营造离不开基于人机协同的、智能化的教学方式变革。

一方面,随着人工智能技术的迅猛发展,基于新闻传播教育的人机交互系统日益完善,系统通过智能移动终端与互联网的结合,为传媒学子提供了海量的数字化学习资源供其选择使用,这不仅极大地丰富了传媒教学内容,而且拓宽了传媒教学的范围。另一方面,以人工智能为主导的智能化设备和智能化机器,作为教师的教学助手,在革新了传统的新闻传播教学方式的同时,也为学生提供了智能化的自主式学习指导。

三、情境强化:新闻传播教育的沉浸体验营造

不同于传统的、二维式的教学呈现,以人工智能为依托的新闻传播教育的情境设定更强调营造用户的沉浸式体验。借由“多维互动”“情境交互”“全息仿真”等形式强化学习情境,使新闻传播学子可以全身心投入学习状态中,同时电子情境可以帮助新闻传播学子进行深度交互,完成对教学知识的内化和吸收。

(一)多维交互深化教学效果

人工智能技术重塑着新闻传播领域的互动理念和交互方式,这是新闻传播教育沉浸式情境营造的必要前提。首先,传统的新闻传播教学通常是教师在讲台上,以 ppt、电子文档、图片、视频等多媒体工具作为辅助,讲授相关理论知识,学生在台下被动倾听。而人工智能的出现开始推动新闻传播课堂由传统二维话语式互动向多维立体场景互动、多元主体互动转变。如借助立体成像、虚拟现实等技术,将过去课堂上的口头知识讲授转换成可视化信息呈现,通过多元视觉要素丰富课堂表现,深化教学成果。其次,过去的传媒课堂交互多产生于人与人之间,如教师提问学生回答、学生课上课下互动等,而随着智能科技的融入,传媒课堂互动产生了颠覆式的变革,智能化设备、智能化平台都为打造沉浸式传媒课堂增光添彩。如在传媒课堂中引入“双师模式”,即在传统教师知识传授的基础上,增设人工智能教学机器人。这一模式的引入不仅为学生提供了更为生动的、鲜活的学习情境和更为丰富多元的学习资源,同时通过数据分析,教师能够及时地掌握学生的学习情况,调整教学方案,实现知识的最优化传授,学生也能够深度沉浸于学习状态之中。

(二)全息仿真再现传媒风采

相较于其他学科,传媒课堂更强调学生的情感感知和亲身体验。虽然当下移动通信、多媒体显示、语音器件等软硬件技术已经能够基本保障传媒教学活动中教学双方的“在场”状态,但这依旧与理想状态下的沉浸教学相去甚远,学生仍无法用真实的体感和亲身的经历品味到新闻传播的魅力风采。随着人工智能时代的到来,虚拟现实、增强现实、混合现实等前沿科技的发展日趋成熟,传媒课堂在全息仿真、虚拟成像、情景交互等技术的加持下呈现出互动式、参与式、交互性、沉浸式的发展趋向。比如,在新闻报道、新闻制作等实操性课程中,教师可以利用增强现实等技术,将那些难以通过口头讲述或者通过图片、视频呈现的场景以虚拟再现的形式展现在课堂上,让学生亲

身体验“真实”情境。这不仅能极大地激发学生的学习兴趣,也为教师教学提供了便捷的条件,是缓解当下传媒课堂上学生注意力低下、教师授课内容片面的重要途径。此外,我们还可以利用虚拟仿真技术打破教学场所的物理限制,实现随时随地学习的美好愿景。在虚拟技术的支持下,学生可以随时进入教学情境完成学习任务。总之,人工智能技术下的新闻传播教学凭借沉浸式课堂、多维度教学完成了教学情境的强化,不仅重构了传媒课堂面貌,深化了传媒教学目标,同时也提升了传媒教学质量。

四、情境超越:新闻传播教育的理念逻辑革新

正如梅罗维茨所指出的,新媒介催生新情境,新情境影响新行为。作为一项新兴高端技术,人工智能重塑了现代媒介格局,催生了一系列新兴电子媒介,而这些电子媒介又为新闻传播教育建构起全新情境,这些全新情境进一步革新了新闻传播教育理念,重构起新时代基于人工智能的新闻传播教育逻辑。

(一)基于个性定制的人才培养模式

以智能思维为导向的新闻传播教育,应着力于建构基于个性定制的人才培养模式。这种人才培养模式顺应了以人为本的教育初衷,能够真正实现培养具备传媒素养的高层次传媒人才的最终目标。过去的新闻传播教育基本上是教师以班级为单位进行知识传授。虽然这样的教学方式不能确保每个学生顺利完成知识内容的接收,却是实现知识最大化传播的必要之举。而这也恰恰是当下传媒人才稀缺、传媒人才能力不足的重要原因:普适化的教学内容和方式使学生未能在课堂上得到适合个人发展的知识与技能,进而在未来的工作场景中不能做到术业有专攻。在数据分析、精准画像等技术的支持下,人工智能时代的新闻传播教育实现了从“灌输式教学”到“精准化教学”的跨越。一方面,技术支持下的个性人才培养模式通过对每一位学生进行精准画像,制定出基于每个个体的特定培养方案,真正做到了“因材施教”“因人施教”。如在进行教学活动前,通过智能化设备分析学生的兴趣爱好、个性特征、性格特点等,对其进行智能化分析画像,从而为学生制定真正适合其自身的学习方案。另一方面,在建构智能化教学平台时,精准的数据建模分析能够为学生提供个性化学习内容推荐,引导学生找到其感兴趣的、适合其自身的知识内容。

(二)基于共建合作的课堂在场形态

以智能技术为依托的新闻传播教育,应致力于多维并重的课堂在场形态塑造。传

统的线下单一新闻传播教学模式已经无法适应万物皆媒时代下瞬息万变的传媒行业格局。而在人工智能的助推之下，新时代的新闻传播课堂形态打破固有模式，形成了基于多主体合作共建的时刻"在场"课堂新形态。首先，在过去的新闻传播教学流程中，学生的知识获取渠道一般来源于课堂教师传授。但事实上，对于新闻传播学科来说，"生活处处皆新闻""现实处处皆课堂"，生活场景中散布着新闻传播知识。而对于大多数学生来说，由于缺乏知识敏感性和感知力，他们未能准确捕捉和有效学习生活场景中的新闻传播知识。人工智能技术使得"生活处处皆课堂"成为现实，推动新闻传播教学在生活场景中"时刻在线"。如设定智能化教学平台，将新闻传播教育由传统线下模式转变为"线上＋线下"结合模式，学生可以随时随地进入学习状态，以免错失生活场景中的学问。其次，新闻传播教育智能化发展的最终目标是为了寻求理论和实践的融合，建构起传媒教育和传媒业界的良性生态关系，[①]大数据、物联网等人工智能技术可以帮助实现整个传媒行业的有效连结，使学生可以自由穿梭于新闻传播行业的各个部门进行学习，其实践能力和水平均得到了有效提升。综上，人工智能技术的出现，确保了传媒教育的"时刻在场"状态，驱动着整个传媒教育朝向合作共建方向顺利发展。

（三）基于去中心化的权威祛魅趋向

在传统的新闻传播教学课堂中，教师通常作为课堂的中心和主体，代表着课堂权威和知识权威。但随着人工智能赋能新闻传播教学，课堂不再是学生获取知识的唯一途径，教师也不再是知识传授的标准权威。一方面，新型智能平台和智能科技的出现，为新闻传播课堂提供了全新的教学途径和教学手段，学生可以摆脱对教师的高度依赖，在智能平台上获取优质的教学资源，并随时进入学习情境。另一方面，在过去的新闻传播教学中，学生始终处于被动地位，教师教什么学生学什么、教师怎么教学生怎么学似乎是最为常见的课堂状态，但随着人工智能技术融入课堂，学生在课堂上拥有了更多的自主性，有机会选择自己青睐的学习内容和学习方式，这在一定程度上消解了教师在课堂中的绝对权威。所以新时代的新闻传播教育开始出现去中心化的权威祛魅趋向，学生在课堂上拥有更多的自主权，而这既是学生高质量、高效率学习的重要前提，亦是学生深度参与传媒课堂的有效保障。

---

① 左红霞，王敏．人工智能时代影视传媒教育的转型实践研究[J]．传媒，2020(9)：85-87.

五、结语

随着智能教学环境的构建、新型教学模式的探索、全新知识体系的编排以及多维教学空间的营造等工作日渐取得成效,智能化传媒教育显然已经迈上了新的台阶。事实上,在人工智能技术的高度渗透和强力辐射之下,新闻传播教育正以迅猛态势飞速发展。在此基础上,新闻传播教育更应把握好“人工智能+传媒”的发展趋势,抓住技术发展关键期,革新新闻传播教育的教学方式、方法和理念思维,为培养新时代的高质量新闻传播人才蓄力,为实现新闻传播教育的智能化、信息化发展助力。

(赵红勋,河南大学新闻与传播学院副教授、传播学博士,河南大学影视艺术研究所所长;薛璐瑶,河南大学新闻与传播学院硕士研究生)

人才培养

地方新闻传播院校服务于县级融媒体发展研究
——以湖北省新闻传播院校及县级融媒体中心为例

Research on the Development of County-level Financial Media Served by Local Journalism and Communication Colleges
—Taking the News Communication School of Hubei Province and the Media Financial Center at the County Level as an Example

◈ 杨开源
Yang Kaiyuan

摘要:2022 年中央一号文件明确指出,要创新农村精神文明建设有效平台载体。县级融媒体中心经过近几年的发展,越来越具有活力,突破了县级传统媒体的发展瓶颈。但与此同时,县级融媒体中心的发展也面临诸多问题,特别是人才需求问题。地方新闻传播学院,立足区域办学,通过各种方式为各县级融媒体中心服务,推动县级融媒体中心的发展。

Abstract: In 2022, the No. 1 document of the central government clearly pointed out that it should create an effective platform for the construction of rural spiritual civilization. With the development of these years, the financial media center at the county level became more and more vigorous, breaking through the bottleneck of the development of the traditional media at the county level. However, the development of the media center at the county level also faced many problems, especially the problem of talent needs. The school of local news and communication was established in a certain area. It would provide services to the media fusion center at the county level in various ways and promote the development of the media fusion center at the county level.

关键词:县级融媒体中心;地方新闻传播学院;平台搭建

Keywords: County level integrated media center, Local School of Journalism and Communication, Platform construction

2016年2月19日，习近平总书记在党的新闻舆论工作座谈会上强调，尽快从相“加”阶段迈向相“融”阶段，从“你是你、我是我”变成“你中有我、我中有你”，进而变成“你就是我、我就是你”，着力打造一批新型主流媒体。党的十八大以来，党中央高度重视传统媒体和新兴媒体的融合发展，促进推动媒体融合向纵深发展。①

一、融媒体中心成立背景

2018年8月，习近平总书记指出“要扎实抓好县级融媒体中心建设，更好引导群众、服务群众”，首次提出“县级融媒体”这一概念。② 县级融媒体中心是将县级党委政府所管辖的广播电视台、新闻中心、报纸或内部出版物，政府发布以及政府部门、乡镇街道开办的政务信息服务网站，微博、微信手机客户端，农村广播、户外大屏等所有县域公共媒体资源整合起来成立的正科级事业编制机构。③

2022年中央一号文件指出要创新农村精神文明建设有效平台载体。依托新时代文明实践中心、县级融媒体中心等平台开展对象化、分众化宣传教育，弘扬和践行社会主义核心价值观。④ 县级融媒体中心作为打通“最后一公里”的重要一环，在全面推进乡村振兴工作中起到了关键作用。

经过近几年的发展，全国各县级地市陆续挂牌成立了县级融媒体中心，融媒体中心数量急剧上升并积极探索实现社会效益和经济效益融合最大化。

二、湖北省县级融媒体中心发展现状

目前，湖北省已经有60家融媒体中心挂牌建设完成，其中发展比较好的有赤壁融媒体中心、保康融媒体中心、崇阳融媒体中心等。各家县级融媒体中心不断强化自身的主流媒体定位，弘扬主旋律，传播正能量，积极打造“新闻＋”概念，服务基层群众。目前，全省的各家县级融媒体中心基本都采用的是多管齐下方针，对内做好党的方针

① 黄金艳.媒介融合态势下当代大学生思想行为研究[D].兰州：兰州大学，2017.

② 县级融媒体热的冷思考[EB/OL].(2020-02-19)[2023-03-26].https://baijiahao.baidu.com/s?id=1658930606411971204&wfr=spider&for=pc.

③ 沈琪.县级融媒体中心建设的实践与探索——以甘肃省庆城县电视台为例[D].兰州：兰州财经大学，2020

④ 中共中央 国务院关于做好2022年全面推进乡村振兴重点工作的意见(2022年1月4日)[R/OL].(2022-02-22)[2023-03-26].http://www.moa.gov.cn/ztzl/jj2022zyyhwj/zxgz_29027/202202/t20220222_6389271.htm.

政策的宣传工作，对外展示县级风貌，为乡村振兴助力。

(一)打造手机客户端

目前，全省各县级融媒体中心依托于长江云平台，纷纷打造自己的云上平台。以赤壁融媒体中心为例，其积极建设打造“新闻＋政务＋服务”平台，所创建的“云上赤壁”客户端累计下载用户16.9万，占全市智能手机用户的50%以上，日活6292，月活18.65万。赤壁融媒体中心也因此连续三年获评长江云县级平台最佳运营单位。目前，云上赤壁问政平台已形成常态化、制度化、高效化的“四单”运行模式，即“下单＋派单＋接单＋督单”模式。市民通过云上赤壁问政平台“下单”发布诉求，问政平台第一时间给相应部门“派单”，部门及时“接单”解决群众问政问题。为确保群众诉求得到及时回复和解决，市纪委监委、市委宣传部、市委督查室、市政府督查室跟踪“督单”。通过“四单”模式，全面受理网民和群众反映的涉及赤壁经济、社会、文化、生态等方面的诉求，及时回应群众关心关注的热点问题，让群众“话能说、事好办、气更顺”。据统计，自2018年7月云上赤壁问政平台上线以来，全市已有90多家单位部门在云上赤壁注册了账号。截至3月30日，收到留言1418条，回复率100%，处理办结率达到98%。在倾听民声、汇聚民智、排解民忧、维护社会和谐稳定等方面发挥了十分重要的作用。①

再比如，崇阳县融媒体中心依托“云上崇阳”客户端，同步搭建了“崇阳县新时代文明实践云平台”，在平台上发布志愿者活动，让更多的人积极参与到志愿者活动中来，同时也在一定层面上提升了平台活跃度。

(二)强抓形式创新和内容贴近

县级融媒体中心新闻生产更需要切合群众需求，生产群众喜闻乐见的新闻产品，通过快闪、H5、图解、直播等多种形式，把党和国家的方针政策传播向基层群众。2021年以来，赤壁融媒体中心共制作推文、H5、图解等180多部，视频号推出短视频作品105部，抖音发布作品193条，直播8场。其中，CCTV围棋大赛、赤壁长江公路大桥成功合龙等热点新闻阅读量突破了20万＋。除了新闻产品形式不断更新外，新闻内容也更加贴合群众生产和生活。县级融媒体中心将镜头对准群众，聚焦乡村，着力展现乡村振兴的新风貌，创作出具有当地特色的新闻产品。例如，崇阳县融媒体中心开

① 嘉鱼县组团参观学习赤壁市融媒体中心问政平台“四单”经验做法[EB/OL].(2020-03-30)[2023-05-01]. http://chibi.cjyun.org/p/103597.html.

展了大型主题采访活动,在全媒体平台开设了“记者乡村行”专题,记者走乡村、访农户、进田间、入企业,感受民生百态,讲述百姓故事,记录崇阳乡村的喜人变化和乡村振兴的生动实践,反映新时代“三农”工作的新成就、新风貌。截至目前,已推送88期,阅读量10万+。

(三)依托平台助力乡村振兴

县级融媒体中心借助网络平台,以“媒体+电商”“直播+助农”搭建供需对接桥梁,助力乡村农产品的推广和销售;策划各种直播节,推广家乡农副产品,拉动消费,吸引投资,促进就业。为了适应直播发展,很多县级融媒体中心积极筹备成立乡村振兴直播产业基地,让农产品销售可以搭上互联网发展的春风。例如,崇阳县融媒体中心积极推动“直播+”常态化,让“崇阳直播”深入人心,并举办了丰收节、年货节、爱心助农节、油菜花节等。

三、湖北省县级融媒体中心发展困境

(一)人才紧缺限制县级融媒体中心发展

笔者先后走访了崇阳县融媒体中心、赤壁融媒体中心和石首融媒体中心。这些县级融媒体中心的领导均表示:目前,县级融媒体中心的发展得到了各级政府的大力支持。县级融媒体中心投入的建设资金是比较充足的,并且每年都招聘工作人员。这些被招聘进入融媒体中心的职工都是有编制的,属于当地财政一级保障。但是,部分县级融媒体中心仍然面临发展困境,这主要归因于全媒体人才的紧缺。部分大学生的就业观念没有改变,只想留在大城市工作,地级市或县级市不作为就业的首选。

(二)现有员工跟不上新媒体发展步伐

县级融媒体中心主要由原来的县级广播电视台改制成立,多个媒体平台之间相互独立,岗位设置重复,部分工作人员业务能力比较单一,无法适应新媒体行业的快速发展。甚至部分县级融媒体中心出现了购得的新设备无人会用的情况。石首融媒体中心负责人表示:我们需要能独立完成采、写、编工作的全媒体型人才。因为我们的岗位数量有限,所以更需要“一专多能”型人才。

四、地方新闻传播学院如何破局

（一）人才按需培养

目前，部分地方新闻传播学院的人才培养目标与市场需求出现了脱节现象，不能满足地方新闻机构的人才需要。为了解决这一问题，地方新闻传播学院应该深入走访县级融媒体中心，调研县级融媒体中心的需求。从需求出发，结合当下媒体环境的变化，制定具有针对性的人才培养方案。从培养目标上落实人才需求情况，从源头上为县级融媒体中心解决人才紧缺问题。

武汉传媒学院网络与新媒体专业的人才培养目标是培养掌握网络与新媒体信息传播的理论知识与实践技能，能熟练运用网络与新媒体进行信息采写、策划、传播，兼具新媒体组织运营和管理能力，善于进行整合传播的人才。学生毕业后既能从事信息传播时代内容方面的深度整合、综合、跨学科的传播工作，同时也能在全媒体传播中从事设计、制作、网络编辑等方面的技术类工作。这样的人才培养方案，基本满足了县级融媒体中心对于互联网平台建设的需求——为县级融媒体中心培养“一岗多用”型人才。

（二）建立实习基地

目前，县级融媒体中心的人才缺口较大，同时存在信息不对等情况。学生对于县级融媒体中心的认识不够，甚至部分学生对于县级新闻媒体的认知仍停留在自己的儿时记忆，不了解县级融媒体中心的发展状态。针对这个情况，地方新闻传播学院可以联合县级融媒体中心，搭建实习专业平台。学校可以组织低年级学生参观县级融媒体中心，安排高年级学生到县级融媒体中心实习。以武汉传媒学院为例，学校与赤壁融媒体中心、荆州融媒体中心、崇阳县融媒体中心等多家机构签订了实习基地共建协议，以增进彼此的了解与合作。

（三）提供职业培训

除了以上提到的两点外，地方新闻传播学院还可以结合县级融媒体中心的业务工作安排和员工成长需求，合理为其制订培养计划，提升融媒体中心员工的职业素养。

（四）定点帮扶

2021 年，武汉传媒学院新闻传播学院派出辅导员和学生团队进驻崇阳县石城镇西庄村。老师和学生们为西庄村创建了“魅力西庄”微信公众号,方便村民与村委会进行联系。此外,公众号还设置了闲置物品共享平台,帮助村民进行闲置物品的交换。学生们还帮助当地村民建设了西庄村史馆,推动当地物质文明和精神文明融合发展。

五、结语

随着互联网的发展,未来将会有更多的新型融媒体出现。县级融媒体中心如果能够顺势而为,必将以其全新的活力,成为媒体发展的中坚力量。地方新闻院校也可以因地制宜发挥人才培养的作用,与县级融媒体中心搭建合作平台,做到互利、共赢。

(杨开源,武汉传媒学院副教授)

从"主持人"到"网络主播":校政企协同育人创新人才培养策略*

From"Host"to"Live streamer": the Strategy of Cultivating Innovative Talents through Cooperation between Universities,the Government and Enterprises

◎ 薛丹

Xue Dan

摘要: 互联网作为驱动乡村振兴发展的先导力量,在国家战略实施过程中发挥着积极的作用,社会对于网络直播人才的需求也日益凸显。在当前传媒产业格局下,作为人才培养主战场的高等院校如何满足市场与社会的现实需求,推动人才的发掘、培养、输送,成为新的时代背景下值得探索的教育实践命题。本文基于高校课程改革实践经验,提出直播主持人才培养的"2+X"创新模式,涉及校政企三方协同育人理念创新、以培养职业技能为导向的教学模式创新、"模块化"的直播主持课程体系创新,以此优化人才培养策略,形成可持续、可推广的网络直播主持人才培养路径。

Abstract: As a leading force which facilitates the development of rural areas, the internet plays an active role in the realization of national strategies. In this context, the value of higher education institutions needs to be investigated. As a key space for talent cultivation and exchange, universities and colleges have the responsibility of discovering, developing and transporting potentials to adapt to the current media industry as well as meeting the practical social and economic needs. It is thus worth discussing and contextualizing under today's particular time background. Based on the practical experience of curriculum reform, this paper proposes a"2+X"innovative mode that aims to cultivate livestreamer talents. It can be achieved through conceptual reforms, occupational skill training and systematically tailored curriculum.

---

* 本文系武汉传媒学院校级课程改革重点项目"基于校政企协同育人的直播人才培养 2+X 模式创新"(项目编号:XJ202102)的阶段性成果。

关键词：协同育人；直播主持；教学改革

Keywords: Co-parenting; Live host; Teaching reform

一、直播主持人才创新培养的社会背景与现实需求

近年来，网络直播这一前沿传播形态已经在国内实现了井喷式增长，成为一股不容忽视的传播力量。依据中国互联网络信息中心（CNNIC）发布的权威统计数据，截至 2022 年 6 月，我国网民规模为 10.51 亿，互联网普及率达 74.4%。互联网基础建设全面覆盖，用户规模稳步增加。网络直播用户规模达 7.16 亿，较 2021 年 12 月增长 1290 万，占网民整体的 68.1%。短视频用户规模为 9.62 亿，占网民整体的 91.5%。疫情期间，直播电商释放出巨大的消费潜力，助力复工复产，成为传统消费业态和经济转型的重要引擎。随之而来的是人才需求激增，有关数据显示，目前市场上直播人才为 400 万左右，随着电商行业的高速发展，预计未来人才需求将达到 4000 万，现有人才仅为未来人才需求的十分之一。① 在当前社会化媒介与短视频平台兴盛的传播格局下，媒体市场对于播音主持类人才的需求发生了较大的变化。与此同时，随着媒介传播形态的改变，传统企事业单位和媒体对于网络直播人才的需求激增。这一现实需求不仅为播音主持专业毕业生提供了就业机会，更为播音与主持艺术专业人才的培养开拓了新的方向。例如，在 2020 年由中国就业培训技术指导中心发布的 10 个拟新增职业当中，就包含了“互联网营销师”和“直播销售员”这样依托互联网直播产业而出现的岗位类型。2020 年 7 月 1 日起，中国广告协会发布的《网络直播营销行为规范》正式实施，为从事网络直播营销活动的商家、主播、平台、主播服务机构等主体提供了行为规范，让直播带货更加有规可循。② 过去，行业内的网络主播虽然数量激增但质量良莠不齐，未来，网络主播不再是“野蛮生长的草根”，也不只是资本逐利的“工具人网红”，而将成为实实在在的规模化、职业化、标准化的正式工作岗位。在这一发展趋势下，传统的播音主持人才培养模式已经越来越难以适配当前的传媒产业格局，相关院校开始积极地布局直播行业人才培养。

---

① 田秋生.实践育人与协同育人——地方高校卓越新闻传播人才培养探索[J].青年记者，2020(28)：61-63.

② 丁理.广电网红主持人局“短视频直播带货”思考[J].新媒体研究，2020,6(17)：122-124.

二、传媒院校培养直播主持人才面临的主要问题

现阶段，传统播音专业的课程内容设置、教学场景、教学手段等均已无法满足新兴行业的现实需求，部分高校已经开始有针对性地培养播音主持专业学生的直播主持技能，如中国传媒大学播音主持艺术学院开设了“电子商务主持”课程，浙江传媒学院播音主持艺术学院开设了“‘青春派创造营’网络主播实训”课程，武汉传媒学院播音主持艺术学院开设了“直播主持技巧”课程，广西外国语学院传媒艺术系设立了“voice全媒体工作室”，等等，以开设选修课或增加实践课程的方式培养直播主持人才。

以武汉传媒学院为例，学校在经过两轮教学后不仅积累了一定的教学经验，同时也发现了一些不足。例如，行业发展过快，客观上，教学内容有一定的滞后性，教学目标与行业具体需求难以及时对标；教学师资局限于自有的专任教师，缺乏行业一线实操经验；教学设备有限，直播网络卡顿，账号没流量或限于教学单位的特殊性，不便对外直播，“无真实粉丝互动”“无产品链接可上”“无数据复盘”，实践只能局限于腾讯会议平台搭建的“内部直播”；训练方案不够有针对性，学生能力差异大，且实训案例同质化。除此之外，评价标准仍然以教师的主观评价为主，评价形式单一，难以形成市场化检验。

作为播音主持类专业院校，一方面要深入了解市场，培养出能够满足企业需求的实践型主播人才，另一方面则要坚守专业品味和媒介素养，树立正确的创作观，推动直播行业良性发展。在实际的教学过程中，受办学条件和教学资源所限，教学效果难免出现一定的折扣。要想培养出专业化人才，仅靠学院一己之力显然太过局限，吸引企业和政府共创共建、协同育人是现阶段人才培养的必经之路。如何在现有的条件下，发挥各方所长形成合力，是当前人才培养有待解决的问题。

三、传媒院校培养直播主持人才的策略创新

目前，我国高等院校的传媒类人才培养定位与现实社会需求仍存在一定的差距。开展基于产教融合的实践教学活动，不仅可以加强学校与社会的直接联系，而且能够促进学生的自我认知，使学生在实践中对标职业需求来提升自己的综合素质。对于学院来说，开展产学研合作也是塑造自身的品牌特色、提高教学质量的关键。基于以上因素，传媒院校应积极引进优秀资源，促进产学研合作，用实践深化学生的认知，用研究启发学生的创新意识。

(一)校政企三方协同育人理念创新

聚焦"协同育人""产教结合"的教学研究,我国高职类院校开展得较早,涉及学科广泛;本科院校在《国务院办公厅关于深化高等学校创新创业教育改革的实施意见》(国办发〔2015〕36号)和《国务院办公厅关于深化产教融合的若干意见》(国办发〔2017〕95号)发布后,研究数量和质量均有大幅提升。为深化产教融合、校企合作,教育部高等教育司组织有关企业支持高校共同开展产学合作协同育人项目。产学合作协同育人项目实现了快速发展,打造了多主体协同育人的长效机制,构建了产教融合、校企合作的良好生态。但是,关于播音主持专业的校政企协同育人研究仍较欠缺。尤其是对于新兴的直播行业来说,市场需求瞬息万变,规章制度不断更新,相关的教学研究较为分散,课程体系有待不断完善,初步形成的理论与实践大纲是当前特定时期网络技术和社会经济文化发展的产物,现阶段的教学成果也仍在检验中。不过,也有一些院校在这方面取得了一定的进展。以武汉传媒学院为例,学院与合作企业、政府部门召开了研讨会,探索"学院主导、企业参与、政府联动"校政企三方协同育人的"2+X"创新模式,并据此签订了合作协议,决定共同完成直播主持人才培养。协议中明确了三方的工作内容、教学任务和教学形式,规范了协同育人过程。"2+X"创新人才培养模式,其中,"2"指代两个教学主体,分别是武汉传媒学院播音主持艺术学院和传媒企业;"X"为针对课程每学年合作的一个地方政府部门,植入的一个乡村振兴公益直播项目。X不仅是课程团队公益服务的对象(如某乡镇政府、某乡镇企业),也是课程思政、专业助力乡村振兴的实践载体之一;同时X也直接代表了用人单位的市场需求,作为教学目标之一的"特色定向目标",直接为用人单位输送人才。在确定了校政企三方协同育人理念后,项目加强了校、政、企各部门之间的任务协调和资源配置,实现了共建、共管、共享。

(二)以培养职业技能为导向的教学模式创新

以职业技能为导向创新人才培养模式,对于提升学生的专业水平以及传媒行业人才培养质量都具有十分重要的作用。具体来说,创新教学框架——增加了学院、企业"双导师"制的理论教学,学生走出校园直接到"优质流量直播间"学习;创新考核方式——传统考核转变为在下乡助农直播项目实践中完成"理论"与"实践"的双重考核,学生化身"公益教师",在乡间田野开展翻转课堂,为有需求的基层群众讲授直播知识,为有需求的政府、企业开展直播宣传活动;创新实训案例——将合作乡镇的全新农副产品、新开发度假区作为实训案例,通过设计,满足阶梯式难度训练和因材施教的需求；创新评价机制——引入职业资格考核评价的客观标准，增加考核维度，促使学生理论学习与实践并重；创新教学场景——深入地方基层实践教学，提高学生的学习兴趣和社会责任感，重塑专业服务社会的理想信念。

（三）“模块化”的直播主持课程体系创新

宏观设计为人才培养提供了清晰的思路，但能否达到预期的教学效果，还有赖于具体的课程内容设计与实施。以“直播主持技巧”课程为例，共 48 课时，分为理论教学、实践教学、项目化教学三个模块。

第一模块为直播主持基础知识模块。教师在传统的理论教学中引入最新的行业标准，以湖北人社厅职业技能鉴定指导中心发布的网络直播主持人“专项职业能力考核规范”为基础，讲授直播主持的基础知识，使学生对行业概况、直播内容、法律法规、直播技能等形成准确的认知。

第二模块为典型直播技能提高模块。教师在传统的演播室实践教学之外，组织学生前往直播公司、直播基地实习，形成双导师制，共同完成直播场景观摩及实操教学。学生在全真的职业场景中可以真切感受到工作节奏与氛围，掌握直播实操技能。

第三模块为全流程团队直播拓展模块。该模块为项目推动式教学，它打破了传统以教师为中心、传授式的教学体系，形成了以学生为主体、以项目为驱动，学生在教师的指导下自主探索和实践的学习模式。[①]

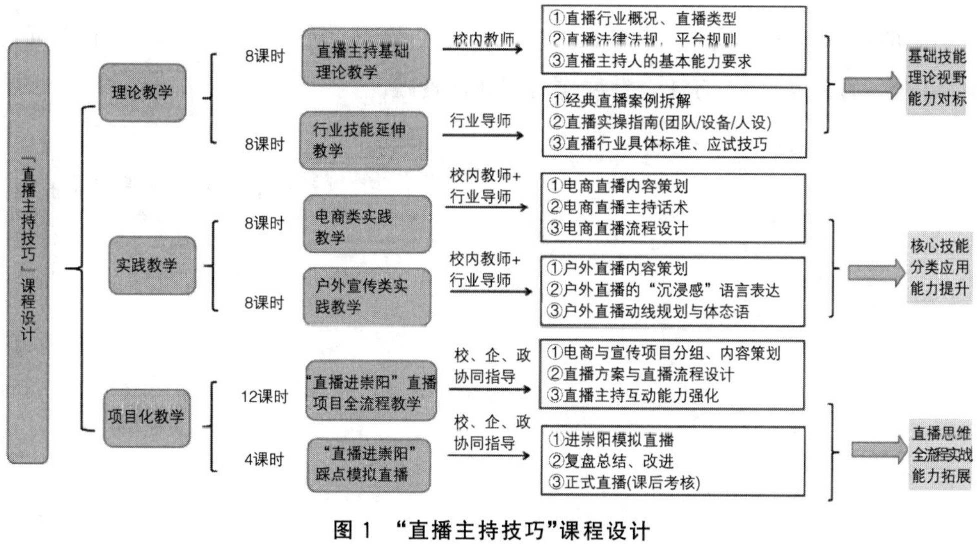

图 1　“直播主持技巧”课程设计

① 陈璐，樊浩. 校企协同育人视域下应用型高校传媒实践教学模式探究[J]. 戏剧之家，2019(9)：176-177.

四、结语

武汉传媒学院基于服务地方、共建行业新生态的指导思想，结合企业、政府、学院互利共赢的现实可持续发展需求，不断改进直播人才培养模式。在“2＋X”电商直播人才创新培养模式下，教学内容始终紧跟业界前沿，保持了新鲜感、贴近性和实用性。学院组建师生团队加入“湖北农博会高校电商直播团”，为湖北农业博览会策划直播宣传活动，并完成公益直播带货。可以说，这场公益助农活动既是对学生理论基础的检验和夯实，也是将协同育人延展到课后的一次有益尝试。

直播人才培养是一个全新的教学实践命题，需要国内传媒专业院校的师生携手去开拓。令人欣喜的是，目前已有多所院校积极探索新模式，培养新人才。例如，湖北经济学院法商学院构建了基于校园工作室的电商直播人才培养模式，引进了具有专业引导性的直播电商实践项目帮助学生提升实操技能，完善了“以赛促改、以赛促教、以赛促学”的教学机制，推动了教学改革创新。山东青年政治学院文化传播学院于2020年8月与山东大众创业投资有限公司、山东鲁信文化传媒投资集团三方共建文化传媒产业学院，培养电商直播、网络主持、产品推介员等口语传播人才。随着协议的签署，该学院有望成为山东省首家本科层次的混合所有制文化传媒产业学院。[①] 2020年6月，广州大学也举行了电商直播人才培养论坛暨广州直播电商研究院人才培养基地揭牌仪式，这是广州提出打造“著名的直播电商之都”后，第一个成立的人才培养基地。[②]我们期待直播行业在经历了求新探索、实践验证、修正完善之后，最终能够形成可借鉴、可推广的有效经验，为社会发展作出创新性贡献。

（薛丹，武汉传媒学院副教授）

① 王杨.重塑价值，赋能未来(二)——网络直播视角下播音主持类院校人才培养路径价值赋能的对策思考[J].传媒论坛，2021，4(18)：44-45.

② 田秋生.实践育人与协同育人——地方高校卓越新闻传播人才培养探索[J].青年记者，2020(28)：61-63.

“技术驱动”与“价值弥合”：高校传媒教育的技术哲学思考

“Technology Driven”and“Value Bridging”: Philosophical Thinking on Technology of Media Education in Colleges and Universities

◈ 吕成凤

Lv Chengfeng

摘要：基于智媒转型的现实逻辑，高校传媒教育以技术实践为路径拓展学科边界，不仅在传媒作品的生产技术、呈现样式与传播路径等方面实现了革新，也将焦点转向对“专业整合”趋势的探索。然而，在技术驱动的传媒业态中，技术动力也给传媒教育带来了挑战，生成了“技术理性偏离”“专业知识短路”“思想价值削弱”等教育错位语态。为此，从技术哲学的层面进行反思，高校应沿着“增设技术情景化教学”“优化技术素养课程”等育人路径，深化学生的文化感知、情境理解与批判能力，真正架构起与行业发展相匹配的学科教育体系。

Abctract: Based on the practical logic of the transformation of intellectual media, the media education in colleges and universities expands the discipline boundary by taking technology practice as the path, not only achieving innovation in the production technology, presentation style and communication path of media works, but also turning the media focus to the exploration of the trend of“professional integration”. However, in the technology-driven media format, technological power has also brought challenges to media education, resulting in educational dislocation voices such as“deviation of technological rationality”, “short circuit of professional knowledge” and “weakening of ideological value”. Therefore, from the perspective of technology philosophy, colleges and universities should deepen students' cultural perception, situational understanding and critical ability, and truly build a discipline education system that matches the development of the industry by“adding technology situational teaching”, “optimizing technology literacy courses”and other educational paths.

关键词:智媒时代;传媒教育;技术哲学

Keywords: Intelligent media technology, Media education, Philosophy

现代教育技术的应用普及,不仅强化了高校教师队伍的编码能力与教学效率,并已然成为高校人才培养模式的基本语法。相较于其他专业领域,传媒教育与现代技术的联系更为紧密,也更加依赖媒介不仅手段优化教学过程与教学成果。现如今,人工智能、虚拟现实等不断革新的智媒技术,不仅重构了现代社会的话语逻辑,也推动着高校传媒教育体系向"人类智慧技术化"方向迈进。然而,技术的加速赋予也"掏空"了传媒学子的注意力与思辨能力,招致诸多窘遇,亟须方法指导。技术哲学思想对人、技术、知识三者关系的诠释鲜明而透彻,从该视角透视高校传媒教育生态,是传媒教育发展的理论需要。

一、智媒生态:高校传媒教育的实践逻辑

进入智媒时代,媒介技术在获得文化身份的同时也拓宽了传媒业的边界,大数据、虚拟现实、人工智能等领域的飞速发展重塑了传媒教育语境,建构出"动向""认知""体验"不断革新的传媒教育生态。

(一)媒介实践:"技术底色"愈益浓厚

当今世界,新一轮工业革命浪潮来势汹汹,以人工智能、大数据、物联网、太空技术、生物技术、量子科技等为代表,重大颠覆性技术创新正在创造新产业、新业态、新模式,从而带来人们生产方式、生活方式、思维方式的显著变化。

如果说前三次工业革命是单一领域率先突破,进而推动经济社会全面发展,是由量变到质变循序渐进的过程;那么第四次工业革命就是涉及所有学科、所有领域、所有行业的全方位的爆发,是一场席卷世界的社会大变革,完全是质的飞跃,其来势之猛、范围之广、影响之深,前所未有。①

数字技术、人工智能、量子计算等技术的相互融合和它们横跨物理、数字、生物等领域的互动,是高校教育展望的新议题。基于这样的时代语境,高校传媒教育不断拉近青年个体与媒介技术之间的距离,力求实现与多领域的融合发展,让媒介化

① 第四次工业革命浪潮下的中国高等教育变革之路[EB/OL].(2022-02-15)[2023-03-26]. https://baijiahao.baidu.com/s?id=1724834466796620515&wfr=spider&for=pc.

表达成为现实。

一方面，技术动力的催动，使得传媒教育模式日臻完善，既培养出一批批朝气蓬勃的时代青年，也在不断革新传媒作品的生产技术、呈现样式与传播路径。传媒作品的打磨与制作质量是最能直观体现传媒从业人员业务能力“精”或“拙”的依据，因此“作品意识”也就成为各大高校培养传媒人才的重要表征，即在拟定教学目标、方法与内容时就紧紧围绕“学生作品的产出与推广”理念来制订教学计划；不仅如此，各教学单位还积极鼓励学生参加“大学生电影节”“数字媒体创意大赛”“电影配音大赛”等专业性比赛项目，对于“学生佳作”也会给予荣誉证书、资金奖励等表彰。在这种教育理念的强势牵引下，传媒学子不竭探索着新的制作技术与创编思维，也深度贯穿于数字化制作工具、软件化编辑手段、网络化传播路径、移动化融媒体终端这一过程中。当然，除了教学单位的组织引导外，学生也自发将“打造技术亮点”设定为专业课程的“预期目标”。以影视制作相关专业为例，凸显自然生态的航拍镜头、提升用户体验的显微镜头与 8K 画质、便捷拍摄流程的超广角运动相机，以及 VR 全景摄影与 AI 图画等技术下沉趋势，皆为传媒学子的技术想象提供了逻辑与实践上的可能。

另一方面，很多传媒高校也开始根据专业建设需要，以技术实践为路径拓展课程边界。西班牙技术哲学家奥特加曾提出“人是一种技术性存在”①的哲学命题，即在某种意义上，人可以被界定为以技术为中介而实践的人。因此高校传媒教育尤为注重培养青年的技术逻辑，例如借助虚拟化教学手段，建构“数据新闻实践”“MG 动画实践”“VR 电影实践”等媒介实践的新范式，这种依靠媒介技术手段改进传媒教学的“泛媒介”实践教学方式，将青年、技术、文本融会于科技进步、文化交融的大背景下，使传媒焦点走出了电视、广播等传统媒介的狭义范畴，不仅加深了青年群体对媒介技术的进一步认知，也重申了传媒教育以技术为核心的学科建设特质。

（二）学科延展：“专业整合”动向更加鲜明

加速发展的技术系统作为一种工业力量，在无尽地探索“媒介可能性”的过程中，催化出传媒行业的巨大变局。最先显露出来的是新闻传播产品的形态创新，以数据新闻、智能新闻报道的应用为例，此类智媒新闻不仅实现了新闻内容的多模态融合，还以个性化、趣味性的用户体验，外延出新闻生产与传播的形式美学。当然，传媒行业的创作转向也意味着对传媒从业者专业技能要求的变更，传媒专业学生不仅要夯实传统新闻的创作根基，还要兼具从视觉文化、技术哲学、艺术美学等视角审视媒介技术的

① 史洪波．对技术的哲学反思：本科层次职业教育办学的逻辑理路[J]．职业技术教育，2021(10)：12-17．

能力。

传媒机构对专业技能的需求转变是高校传媒教育“专业整合”的动因。“专业整合”不单是指教学设备的更新换代或指导学生获得更为丰富的理论知识，而是着眼于对学生信息素养能力的构建，即掌握工具的使用方法，拥有获取与利用数据的基本技能以及较强的自学能力与研究能力，[①]因此“整合教学”更易达到培养学生创造性思维的目标，也逐渐成为智媒时代传媒机构的用人标准。笔者研究分析了国内传媒机构发布的招聘信息后发现，无论是传统主流媒体还是互联网媒体，处于人才需求端的传媒机构都在不断地调整选人、用人机制，在2023年发布的传媒人才版图中，除记者、编辑等传统职位外，媒体资源策划师、创意设计师、数据标注师等职位也大量涌现，并逐渐成为传媒机构关注的焦点。以数据标注师为例，该职位除了对新闻传播学专业毕业生有需求外，对拥有经济学、计算机学、设计学等专业背景的人才也有着极大的需求，因此为了保障传媒学子的就业实际，很多传媒院校也审时度势，积极调整人才培养方案。一方面，锚定传媒学科立足点，扩展并夯实学生的专业储备与技能实操能力。传媒教育尤其注重培养学生的专业敏感性以及采访调研、文本策划与制作等实操技能，这一点在课程教学设计上就有鲜明体现，此外，可视化制作工具、计算机编程等也逐渐成为传媒学子亟须打磨的技能要求。另一方面，在行业动态的牵引下，以往未被纳入传媒图谱的学科知识被重新考量与吸收借鉴。例如，在广播电视相关课程的内容建设中，针对不同题材、不同风格的文本作品，教师会引导学生从技术演进、社会关联、视觉文化等角度进行审视与批判，值得一提的是，影视片不再占据该类课程探索的全部焦点，在专业整合观念的引导下，媒介伦理、媒介传播的形式美学等跨学科研究，也成为师生课堂内外讨论的重难点。

二、理性审思:高校传媒教育的转型危机

前文提到，技术是传媒行业的根基，技术景观赋能与催生了教育变革，成就了青年的实践理性。然而实际上，目前的传媒教育还无力对抗智媒技术构建出的隐形支配机制，传媒学子也因其“技术性存在”而被卷入“意识流的臣服性接受”[②]之中，成为“工程技术哲学”的坚实拥护者，即“将技术高度认知为一种理性，而忽略了人、技术与生活的

---

① 杜安平.项目驱动和专业整合——基于科研的信息素养教育模式[J].图书馆论坛，2009(4).

② 邹红军.“人的发明”的教育意蕴及其启示——斯蒂格勒技术哲学发微[J].湖南师范大学教育科学学报，2021(1):21-30.

生态关系”[1]，这显然是一种抹杀了人格创造与情感碰撞的认知偏见。因此，基于技术哲学观点，行业语态制造出的“技术理性”“知识短路”“价值削弱”等传媒教育困境应予以重视。

（一）技术理性：智媒逻辑与教育使命的偏移

培育青年具备“健全的意识，清醒的思维，理性、公正、自制和稳定的见解”[2]，是高校教育的初心与教学的指南。事实上，很多传媒院校因为缺乏对技术理性的批判思维，难以建构起符合社会期待的教学体系，使技术滑向了教育本质的对立面，培养出青年对技术的“臣服性接受”劣习，这种教学形态显然偏离了传媒教育的学科性质。

“技术理性”是一种以工具崇拜和技术主义为生存目标的价值观与方法论。就现实而言，“技术理性”理念对社会进步与发展起到了实际的助推作用，这也使得人们将技术理性认定为一种值得推广的言说方式。同时这种观念也蔓延至传媒教育领域，不仅表现为借助媒介技术优化教育教学，甚至已发展成用技术思维来指导教学实际。最具代表性的现实表征便是教学设计的“标准化”。毫无疑问，“标准化”是技术理性的产物，代入传媒专业的教学实际，多数课程受智媒时代的表征影响，被编排出一套周密且有序的教学方案，无论是课程任务、教学手段还是教学过程都有据可依，任课教师只需按流程操作便可完成教学任务，这就导致以智媒技术为标准的教学设计破坏了师生创造性的意识活动，观念互动与碰撞沦为冗杂物而被舍弃。的确，智媒逻辑可以为高校传媒教学的顺利开展提供较多的经验理路，但长此以往，只会致其陷入“洞穴之喻”这一柏拉图式困境。

（二）知识短路：理论知识与技能实践的错位

加速的技术发展促成了传媒知识图谱的更新，然而，对于新技术的崇拜与追随也冲击着传统以来形成的学科知识结构，造成了知识短路这一现实问题。“知识短路”可理解为在技术编码的场域下，理论知识因缺乏解释力与感性表达力而加速丧失的一种进行式过程。[3] 换言之，人们满足于技术编码产生的现实效益，正自发地将复杂的理论知识从教学语境中抽离出去，这显然是颠覆教育本心的一种失序表现，严重损伤了理论知识的生存根基。

传媒教学过程中的“知识短路”主要表现在两个方面：一方面，传媒教师过于依赖

---

① 易显飞．论两种技术哲学融合的可能进路[J]．东北大学学报（社会科学版），2011(1)：18-22.

② 纽曼．大学的理念[M]．高师宁，何克勇，译．贵阳：贵州教育出版社，2003：26.

③ 涂良川，钱镇．斯蒂格勒技术哲学批判的三重指向[J]．山东社会科学，2022(4).

媒介技术的记忆装置而导致个体能动意识的退化。在新闻学、广播电视学等传媒专业的课堂教学中，教师极为依赖媒介技术展开教育活动，例如，使用视觉冲击力大、情绪感染性强的语言文字、视频文本去论证晦涩的书本知识，以此激发学生的共情力，然而，当教师将经验知识、感性成果托管于数字媒介后，往往会出现借助技术可实现有序教学、离开技术便"一片空白"的情况，学者申灵灵将这种现象概括为"去技术无能化"[①]，不难预测，一旦技术媒介"完全占有"学科知识，它们对人们主观能动意识的封存也将为期不远。另一方面，受技术观念的影响，传媒教师尤其重视课程教学的可控性，往往提前预设学生的技能需求，却往往忽略了对理论知识与技术整体的追问。通俗地说，很多传媒教师漠视了"现实的人"与技术的糅合，只注重技能传授，却不引导学生理解技术，因此当学生产生技能固化的学科认知后，便无法再适应不断变革的行业要求。

(三)价值削弱：批判意识与理性之思的搁置

从实质上来说，高校传媒教育是一种复杂的综合性教育，即要注重对学生伦理道德、技术、人文三重素养的集中培养。当代建构主义学习理论也认为，学生对知识的接收，只能由他们自己来建构完成，以自己获得的经验为背景，才能正确判断出知识的合理性。

然而，加速发展的技术作为一种强势的工业力量，作用于传媒教学过程中，正以"不断修正个体条件的技术逻辑"重建学生价值认同观的基本语法。其主要表现为：第一，技术拥有工业化的捕猎力量，使得传媒学子的注意力不断发生形变，封锁了他们对文化价值的感性认知。技术的编码能力产生了诸多现实效益，无人机技术、网络同步课堂与虚拟仿真实训等人工智能技术的应用也变得愈加广泛。以网络同步课堂教学为例，传媒专业教师以5G技术为支撑，实现了视频交互、音频同步的效果，扩展了学生的视野，然而，网络同步课堂的学习效益更多地依赖学生的自律自觉性，在缺乏现实约束时，自控能力较弱的学生往往会被新奇好玩的视频、手游产品所吸引，分散了课堂注意力，进入一种漫无目的、浅层次的学习状态，不愿对知识要点进行深度思考。第二，技术对知识的碎片化切割，钝化了传媒学子批判、反思的能力。在万物互联的当下，数据信息正以爆炸式增长势态向传媒学子涌去，从表面上看，种类繁多的信息似乎能够供给更丰富的专业知识、更有效的学习方法，然而事实上，当学生在利用搜索引擎

---

① 申灵灵，卢锋，张金帅．超越莫拉维克悖论：人工智能教育的身心发展隐忧与应对[J]．现代远程教育研究，2022(5)．

检索课程关键词时，相关或不相关的传媒信息量如江海却良莠不齐，反而钝化了学生的理论建构、实践批判和个体化表达能力。

三、增进理路：高校传媒教育的破局之策

我们必须认识到，智媒技术已经成为高校传媒教育的生产要素与竞争核心，技术驱动着传媒行业为社会发展增值赋能，因此站在传媒教育者的角度，我们仍要坚持把智媒教学作为一种育人思路；与此同时，传媒院校应不断优化教学理念，调动学生的实践参与、情境理解、反思问题的信心与能力，真正架构起符合行业期待的学科认知体系。

（一）优化教学设计，强调技术的情景化

教学设计是把教学原理转化为教学材料和教学活动的计划，也是提高学习者获得知识、技能的效率和兴趣的技术过程。在智媒技术急速运转的当下，传媒课程的教学设计更应考虑将技术要点与匠人精神融为一体，只有建立起这种“聚合”意识，才能培养出高技能且有独立思想的传媒复合型人才。

一方面，高校传媒教育应将“技术情境观”汇入技能性课程的教学议程中，以达到“技术为用”的效果。在过去的传媒课堂中，教师往往会过度使用案例、影视片段等符号来填充课程内容，尽管这在一定程度上使抽象的技能知识易于理解，但也消解了学生自身的实践性、逻辑性与感悟力。技术情境观认为技术是内嵌于情境之中的，技能教育无法离开具体的情境来解释技术的功能及其演化。[①] 受此启发，高校传媒教育也应转变预设思维，重视具身认知的教育学意义，为传媒学子创设有探究空间的操作情景，由学生自己生成实践的感性经验，也在实践中养成技术意志。另一方面，建立良性的师生授受模式，让传媒学子在多维互动的过程中完成知识与自我的双向建构。实际上，受成长环境等因素的影响，传媒学子个体之间往往存在着显著的差异，因此传媒教师在授课过程中不能受技术逻辑的影响，发挥简单的“知识讲解员”功能，而是要通过情境教学了解学生知识掌握的薄弱点，及时调整教学思路，回应传媒学子多元化、差异性的现实需要。此外，情境化教学理念也主张学生主动探索、主动思考，并通过实践路径唤醒学生的主体性与创新意识，整个情境化的教学过程也因诸多未知因素而增添了许多趣味。总而言之，传媒教育的根本在于对人与技术关系的秩序排列，教师不能一

---

① 李平.技术哲学经验主义转向中“技术情境”的实践意涵[J].哲学分析，2021(6).

味地将技术放在人与人之间,而应将其放置在学生的背后,使传媒教育复归教育本质。

(二)增设特色课程,强调文化的嵌入性

数字化持存机制的本体价值和理论逻辑显示,智媒技术有其双面性,因此传媒教育要意识到价值理性的重要性,而不是无思式地崇尚工具理性,同时也要警惕"深度技术化"或许会酿成的传媒学子身体功能的退化现象。

因此,传媒教育应围绕"媒介素养""传媒伦理""媒介批评"等议题增设相关课程,包括媒介形式美学、媒介心理学等相关知识。首先,"媒介素养"可实现对传媒学生甄别能力的培养。智媒时代的到来,制造出了一片浩荡的"信息汪洋",这种全景化的数字客体不断地弱化青年对有效信息的判断能力,对其注意力与想象力的掏空更是毁灭性的,如若青年的脑海被无尽的"视图垃圾"所填满,不仅不会提高学生的学习能力,反将致其知识的匮乏与意识的停顿,而"媒介素养"是青年群体必须要掌握的一种能力,它包括全面认识媒介的能力、批判性理解媒介的能力、积极参与和使用媒介的能力,[①]是在青年与数字化生存之间架起的一道预防青年思维畸变的有效屏障。其次,对媒介批评理论的系统性学习也尤为必要。目前来看,多数传媒学生对"批评"字眼极为敏感,对"媒介批评"的概念认识极为狭隘,往往简单地将其理解为对媒介技术的否定,却没有意识到"批评"背后所囊括的自由的、开放的、健康的探索语境。此外,与上述两种议题不同的是,"媒介伦理"的要求主体是大众传媒。在"传媒伦理"的知识图谱中,蕴含着对传媒从业者的职业道德、传媒价值取向、道德功能与伦理规范等职能要点的显性铺陈,更为关键的是,通过对"媒介伦理"的深入学习,传媒学子可以更好地完成从"学生"到"传媒从业者"的身份转变。

总而言之,现阶段是智媒发展的狂热期,社会各界对智媒技术的形塑力量都饱含着关注与期待,传媒行业尤甚。尽管如此,高校传媒教育也应牢记"育人使命",不能在智媒技术的高歌猛进中实践着对学生能动精神的压缩与收编。相反,传媒教育要从真实的教育对象入手,积极地开展面向传媒学子的素养培育,引导学生加强技能性课程的情境化训练,让智媒技术服务于人文价值传播。

(吕成凤,武汉传媒学院播音主持艺术学院助教)

① 曹银:《融媒体时代"媒介素养"亟待走向通识课教育》,《新闻传播》2022年第17期.

情感:数字时代新闻传播应用型人才培养的关键*

Emotion: the Key to Cultivating Journalism and Communication Applied Student in Digital Age

◎ 张少君

Zhang Shaojun

摘要:数字时代的快速发展,使得短视频成为新的、重要的舆论场。在新闻传播中,短视频因其内容丰富、表现形式多样、传播效果直观等优势发挥了重要的作用,而情感因素在短视频中的应用也变得越来越重要。在短视频中融入更多的情感元素,可以让短视频新闻更具有人情味和温度,能够更好地触动受众的情绪并产生共鸣,提高新闻传播的效果和影响力。有鉴于此,本文尝试以短视频中的情感因素为观察视角,分析新闻传播业的情感转向,据此讨论新闻传播应用型人才培养的重要性,以适应数字时代的新闻传播需求。

Abstract: The rapid development of the digital era has made short videos a new and important field of public opinion. In journalism, short video have the advantages of rich content, various forms of expression and intuitive communication effects, which make them help news media to better deliver content and values. The application of emotion in short video has become more and more important. By adding emotional elements, it can make news more humane and warm, better touch the audience's emotions and resonance, and improve the effect and influence of news dissemination. In view of this, this essay tries to analyze the emotional turn of journalism industry by taking short videos as an entry point, discuss its importance, and accordingly think about the development of news communication talents training to meet the needs of news communication in the digital era.

---

* 本文系湖北省高等教育学会项目"情感转向:数字时代民办高校新闻传播人才培养的范式转型"(项目编号:2022XB52)的阶段性成果。

关键词:情感转向;短视频;新闻传播教育

Keywords:Emotional turn,Short video,Journalism education

在“前数字”时代常被视为被动接收新闻的受众群体,现如今已不再是消极的新闻参与者,也不再寄希望于由新闻编辑部来“决定什么是新闻”并不加批判地拥抱新闻内容(杨洸,2021)。[①] 个人的情感成为构成当代视听文化生态的基本要素,短视频成为承载这种文化生态的重要场域。但需要注意的是,媒介平台化与个人化媒体内容使得传统新闻媒体所拥有的国家权力意志话语体系在媒介意义上被弱化(张毓强,2022)。面对行业发展的实际需求,对情感在主流媒体新闻报道中应用的研究,不仅是新闻视听作品创作的重要切入点、新思路,更是传媒类高校新闻传播类专业在人才应用技术转型培养中因应发展要求、市场需求,进行教学改革的重要转向。

一、短视频:主流媒体舆论场构建的新阵地

根据中国互联网络信息中心2023年发布的第51次《中国互联网络发展状况统计报告》,我国短视频用户规模为10.67亿人 ,短视频应用用户使用率高达94.8%。[②] 人们在移动设备上花费越来越多的时间与社会保持联系,这推动了以抖音(TikTok)为代表的短视频App在海内外用户和内容产品上的双爆发式增长,短视频作为一种新的媒介表现形式和社交方式活跃在人们的日常生活中。早在2014年,中央全面深化改革领导小组第四次会议就提出了要着力打造一批形态多样、手段先进、具有竞争力的新型主流媒体。2018年9月,习近平总书记明确提出主流媒体应当具备强大的“引领力、传播力、影响力”。面对现状,我们已不能将数字新闻网络理解为传统单向的信息传递网络,将以短视频为代表的数字新闻产品简单理解为技术手段、技术平台等的数字化升级。以短视频为代表的数字新闻产品正在成为新的舆论场和主流意识形态传播阵地。

2018年以来,中央广播电视总台、《人民日报》、新华社等主流新闻媒体先后入驻抖音,将自身的新闻产品投放到短视频平台并形成了媒体矩阵。在此期间,各地方媒体纷纷进驻短视频平台,其内容生产多为素材的二次剪辑或地方民生新闻。无论是从视频来源、技术形态、新闻功能还是传播效果来看,地方主流媒体在短视频平台上的发

① 杨洸.数字时代舆论极化的症结、成因与反思[J].新闻界,2021(3):93-100.

② CNNIC.第51次《中国互联网络发展状况统计报告》[EB/OL].(2023-03-03)[2023-04-12].https://www.cnnic.net.cn/n4/2023/0303/c88-10757.html.

展都不尽如人意。疫情期间，由于短视频标签技术所带来的便捷性、针对性，用户在信息接收上更加依赖新媒体。非传统新闻机构生产的短视频主题跨越个人生活的记录，扩展至疾病知识、个人预防、社会监督等主流媒体的传统领域，并延续到后疫情时代。短视频一系列的发展压缩到主流媒体的话语空间，特别是地方新闻机构的生存环境，倒逼地方主流媒体在短视频赛道上提速度、找出路、寻方法。

二、情感传播：短视频新闻产品的实践路径

业界普遍观察认为，新闻、用户与新媒体记者之间的关系在数字时代发生了本质改变。个性化、参与性新闻形式出现并壮大，从而令经典的5W模式和"编码—解码"框架失去效力（常江、田浩，2021）①。"参与机会的扩大导致了对新闻受众和专业新闻生产机构间的传统区别产生质疑，并带来了新的、更多的情感表达形式，这些形式已蔓延到新闻制作的实践中。"（Karin，2019）②时任国家广播电视总局发展研究中心副主任杨明品（2021）认为，用户体验、功能进化、生态布局等是广电主流媒体入局短视频领域的方向。③ 无论是个性化、参与性还是体验，都意味着主流短视频报道与公众情绪塑造、情感治理有着直接且密切的关联。

有研究表明，新闻媒体的用户经常质疑传统新闻的超然和脱离实体的立场，并寻找更吸引情感的内容（Meijer，2013）。情感塑造、引导了公众情绪，在数字媒体时代，其作用越发突出。情感在主流短视频中的应用不仅是新闻短视频创作的重要切入点、新思路，更是在"文化赋能、数字场景"下，展现"重要窗口"舆论宣传主阵地、主平台、主战场的全面贯通和集成突破，为主流媒体系统性重塑与融合提供思路。

从技术层面看，情感实现路径的基础是对主流媒体数字技术、实践工具使用的梳理、总结、更新，围绕数字媒体的元表达（metavoicing）、触发参与（triggered attending）、网络化－知晓关联（networked-informed associating）以及生成角色取替（generative role-taking）等方面进行观察，掌握技术所带来的功能性结果，揭示出情感选择下新闻实践的逻辑过程与提升用户体验的关键。

从叙事层面看，用户体验短视频新闻本质上是一种个体的情感历程。传统媒体在

① 常江，田浩．间性的消逝：流媒体与数字时代的视听文化生态[J]，西南民族大学学报（人文社会科学版），2021，42(12)：137-145.

② KARIN W J. An emotional turn in journalism studies? [J]. Digital journalism，2019，8(2).

③ 杨明品．广电媒体深度融合发展的路径观察[EB/OL]．(2021-10-14)[202-04-01]. https://www.tvoao.com/a/209048.aspx

这样的叙事实践中失去了对技术中介的控制，新闻主题在一定程度上被消解。因此，主流媒体开始尝试理解技术所带来的空间沉浸和认知识别所带来的情感沉浸。分析叙事在认知与共情上的驱动作用，从叙事的高度理解用户个性化的情感沉浸，凸显事件全貌，是成功做到用主旋律引领大流量、用大流量传播正能量的关键。

从治理层面看，由于不同个体的审美经验与主观经验、观点描述在短视频平台上协同构建出属于用户的情感新闻流，一方面改变了传统新闻的话语结构，另一方面由于短视频的使用者有着不同的文化背景、利益诉求和意识形态倾向性，网络舆论也极有可能被带风向。对短视频用户在短视频生态中所表现出的“人情味”与“亲密性”进行系统调查，描绘用户在短视频社交情境内的情感选择和个体化叙事建构，探索在多元传播主体共存的媒介生态中积极进行内容形态创新、内容生产重构、生产机制再造的情感方法，是提升主流媒体在“人人都有麦克风”的媒体环境下，利用短视频进行战略性传播、策略性传播，寻找到技术赋能下用户情感间的共识、共情和共通的关键。

三、传媒类专业教学模式概况

从新闻教育来看，当下国内新闻学院所制定的人才培养模式大多参考的是哥伦比亚模式和密苏里模式。根据中国人民大学新闻学院新闻传播教育课题小组(2014)发布的报告，相关新闻传播学院在学生培养方案的设计上“大体可以包含 6 个部分：(1)基本的新闻专业课程……(2)包括广告、公共关系、网络传播、媒介经营管理在内的实务型课程……(3)包括报纸版面设计、广电音视频制作、图片设计制作、网页制作、多媒体制作应用在内的实验教学课程，辅助新闻传播实务教学……”[①]其余三个部分则分别是通过选修、辅修、跨学院修习加强通识教育，强化英语教学及实践环节。参照各新闻传播学院所开设的专业，如新闻学、传播学、广播电视学、广告学、公共关系学等，我们可以清晰地观察到，诸如广告学、公共关系学等专业通常以第二部分为主要教学内容，而对于第一部分，则依旧遵循的是传统媒体(记者)生产内容的思路，将教学内容比重更多地放在了新闻的采、写、编、评上，较少涉及受众、市场和数字技术等现代新闻传播中的重要因素。这种专家型新闻人才培养模式适合于部分传统新闻高校，但对于更多的应用型传媒高校则效果不佳。

除此之外，部分高校提出了培养“全媒体业务技能”人才(全能型记者、编辑)，其通

① 中国人民大学新闻学院新闻传播教育课题小组，倪宁，蔡雯. 媒介融合时代的中国新闻传播教育：基于 18 所国内新闻传播院系的调研报告[J]. 国际新闻界，2014，36(4).

过削减理论学时、加大实践学时，要求学生更全面地掌握各种新旧媒体技术。单波(2010)曾对这种现象提出质疑："新闻传播教育在媒介融合背景下要强化综合技术培训，形成技术与能力的增强，也就是说，新闻传播教育要走技术化道路。这无疑会形成新闻传播教育的'偏向'。"①作者在文章中表现出对理论学习减少后人文素养降低，新闻学院所培养出来的学生工具化的担忧，而"新闻学原本的学术本源在于人文学科以及人文主义的社会学科"②。

四、情感转向下的传媒教育思考

在传媒教育中，情感转向对学生具有积极的影响，它可以提高学生的情感参与度和学习兴趣，培养学生的情感素养，提升学生的专业内容产制能力，促进学生社会责任感的形成。一方面，以数字技术为代表的新媒体技术为受众创造了一种存在感。受众不再只是看或听一个故事，而是在情感上参与到新闻叙事中；另一方面，情感伴随着新闻业的技术变革产生了更多的表现形式，对数字新闻时代的情感转向进行探究，将有助于我们更好地理解新闻业的发展方向。

在新闻传播应用型人才培养过程中，教师应注重培养学生的情感素养，指导学生用情感元素进行创作，尝试从多角度思考问题，创作出更具有情感共鸣的作品。

五、结语

在数字时代的新闻传播中，情感已经成为一种重要的元素，它直接影响新闻传播的效果。因此，对情感转向的聚焦应该成为新闻传播应用型人才培养的重中之重。在作品中融入情感因素，不仅可以提升新闻传播人才的情感素养和业务水平，还能够扩大作品的传播效果和辐射范围。未来，在技术的支撑下，情感将渗入新闻传播的方方面面，一个合格的新闻传播应用型人才需要不断学习和掌握情感转向的技巧和方法，以更好地适应数字时代的新闻传播需求，为社会提供更加优质、真实、客观、有温度的新闻内容。

（张少君，武汉传媒学院副教授）

①② 单波，陆阳. 媒介融合与新闻传播教育的"融合"[J]. 新闻记者，2010(3).

课程思政

基于案例教学法的公关思政融合教育策略研究

Research on the Strategy of Public Relations Ideological and Political Integration Education Based on Case Teaching Method

◎ 邓翠平

Deng Cuiping

摘要：案例教学法是公共关系思政课程建设中使用频率较高的一种教学范式，它能够有效融合公关专业知识与思政元素，为强化学生的价值观、人生观、世界观提供具体的专业问题情境，促进学生自主学习的热情，养成终身学习的习惯。公关思政教学案例具有应用优势，在案例选择上具有真实性、典型性、思政性、针对性等特点，因此在案例解析上也要将专业性与思政性要求相结合。在具体组织实施上，既要注重课前准备，也要重视课中引导和课后总结反馈，灵活运用随堂教学、模拟教学、实践教学等教学方式。

Abstract: Case teaching method is a teaching paradigm frequently used in the construction and teaching of public relations ideological and political courses. It can effectively integrate the professional knowledge of public relations with ideological and political elements, provide specific professional situation for strengthening students' values, outlook on life and world outlook, promote students' enthusiasm for independent learning and develop the habit of lifelong learning. Public relations ideological and political teaching cases have application advantages, in case selection has the characteristics of authenticity, typical, ideological and political, pertinence, and so on, in case analysis should also combine professional and ideological and political requirements. In the specific organization and implementation, we should not only pay attention to the preparation before class, but also pay attention to the guidance in class and the summary feedback after class. We should flexibly use the teaching methods such as in-class teaching, simulation teaching and practical teaching.

关键词：案例教学法；公共关系；课程思政；发现学习法

Keywords: Case teaching method, Public relations, Curriculum ideological and political, Discovery learning method

案例教学法是公共关系思政课程建设中使用频率较高的一种教学范式，它能够有效融合公关专业知识与思政元素，为强化学生的价值观、人生观、世界观提供具体的专业问题情境，促进学生自主学习的热情，养成终身学习的习惯。

一、案例教学法理论概述

案例教学法是一种以案例为基础的教学法，教师以专业案例为媒介、以问题为导向，引导学生对具体案例进行深入分析、研讨和总结，并在学生的自主学习和研讨过程中，培养学生的自主学习能力、实践能力、分析和解决问题能力以及团队协作能力等。

案例教学法的应用源远流长。自春秋战国时起，诸子百家在传道授业之中就注重以简洁生动的小故事或事例来表达自己的思想主张，各类著作中都运用大量的案例来说理明事。在西方，柏拉图就将苏格拉底与学生的问答编辑成一个个小故事来进行辩论，以达到说理的目的。19 世纪 70 年代伊始，哈佛商学院法学教育首开“案例教学法”之先河，并迅速推广至其他人文社科和医学等学科领域，针对其教学法的研究与改革一直长盛不衰。目前知网可查询到的案例教学法相关论文共有 2 万多篇，既有对教学理论的研究，也有对专业、课程体系、课堂教学设计、教学案例选择的探讨等。

案例教学法以发现学习理论为基础，秉持“以学生为中心”的教学理念。布鲁纳的发现学习理论认为，学习是一个学习者主动对进入感官的信息进行加工，经过习得信息、新旧信息转换、评价程序，建构自己的认知结构的过程。发现学习理论强调学生的主体作用，尊重学生的成长与认知规律，强调激发学生内在的学习动机，关注学生的学习过程，引导学生学会知识的提取、转化、迁移及应用能力，案例教学法就是在此理论指导下的具体实践。

二、案例教学法与公共关系课程的关系

(一)案例教学法的适用性

案例教学法是对课堂讲授的有益补充，它需要大量真实有效的案例做支撑，因此

教师在教学中可以将抽象的理论知识点或具体的操作环节具象化。案例教学法主要存在于师生的平等互动之中，教师的教学主导角色和学生的学习主体角色建立在大量典型性、真实性案例基础之上。与传统的举例教学（以教师为讲授主体，激发学生的学习兴趣）不同，在案例教学法中，教师需要为典型案例创建具体情境，以便学生可以通过自己所掌握的理论知识进行有目的、有方向的分析、思考、讨论、实践。在此过程中，学生需要主动去接触更多的新知识，并与旧知识点融会贯通，探索分析问题和解决问题的方法，提升自主学习能力、实践能力、分析和解决问题能力以及团队协作能力等。

（二）案例教学法在公共关系课程中的应用优势

公共关系既是一种传播活动，也是一种管理职能。关于公共关系的各种定义有很多，一般指通过传播沟通手段，建立和维持组织机构与公众之间的互利互惠关系。面向本科生的公共关系课程需要从三个维度着手确立公共关系人才培养目标：一是加强思想道德修养，在课程中加强思政建设，培养学生树立正确的价值观、高瞻远瞩的大局观，养成严谨自律、独立思考的操守；二是加强学生的文化积淀，以问题为导向，引导学生广泛涉猎传播学、心理学、社会学、管理学、营销学、广告学等人文社科类知识，深度了解专业动态，深入感知民情风俗；三是加强社会实践锻炼，以项目为导向，感知人情、社情、世情，提升对专业和行业的理解，加强专业知识的迁移与应用。因此，公共关系课程是理论性、综合性、实践性、应用性融于一体的集大成者。

将案例教学法融入公共关系课程教学可以实现理论与实践的完美结合，极大地提高学生的学习效率。例如，2022 年海天酱油的添加剂事件就是一个典型的企业危机公关失败的案例，并且是网络热点舆情事件。教师在课前布置了教学任务，让学生代入海天酱油公关人员的角色，运用危机管理原则来具体分析企业在危机各阶段应对措施的利弊。学生需要收集资料，整合网络观点，进行班级讨论，形成自己的见解。在此过程中，学生可以充分发挥主观能动性，了解企业的生命周期理论、消费者的需求与满足理论、国民健康诉求的变化历史、企业危机公关的原则和技巧等，同时锻炼了自己的团队协作沟通能力、调查分析能力、独立思考能力等，并树立了正确的人生观与价值观。

三、公共关系课程中的思政教学案例特点与要求

现代公共关系理论诞生于 20 世纪初，并于 20 世纪 80 年代被引入中国内地。随着网络技术的发展，传播沟通策略越来越丰富，公共关系领域的创新案例不断涌现，这

为公共关系课程的思政案例教学奠定了坚实的基础。如何在浩如烟海的案例库中选择合适的思政教学案例，是目前公共关系课程思政教学亟须解决的首要问题。

(一)选取原则

教学案例是服务于特定教学目的的事例或者实案。中国案例研究会会长余凯成教授将"教学案例"界定为"为了一定的教学目的，围绕选定的问题，以事实作素材，而编写成的某一特定情景的描述"①。因此，应用于公共关系课程的思政教学案例，应满足以下特点与要求。

1. 真实性

真实的公共关系行业案例能够最大限度地提供现实生活经验，还原现实环境，激发学生的学习兴趣，使学生在角色代入上减少障碍。例如在讲解卫生健康教育主题活动时，教师可以选取第十七届中国公共关系行业最佳案例大赛获金奖作品《2021年世界卵巢癌日"看见她力量"女性公益项目》作为案例材料，开展案例教学。该案例中包含丰富的思政元素，教师可以引导学生深入了解疾病与社会的关系，加强学生对社会弱势群体的关注，增强社会责任感。

2. 典型性

典型性要求所选案例能够说明某一类公关活动或公关现象的本质属性，同时也要具有一定的思政特性。例如，讲授庆典型公关策划内容，可以选择"建党一百周年庆典仪式""北京冬奥会开幕式"等典型活动案例，唤起学生强烈的民族认同感与国家自豪感，增强"四个自信"，鼓励学生争做新时代的接班人。

3. 针对性

针对性要求所选案例能够满足教学大纲所规定的教学目的和教学内容要求，同时具备完整的故事性要素，如时间、地点、人物、事件发生的背景、起因、经过、结果等，能够为学生研讨和实践提供具体的情境，不偏离教学目的与教学内容要求。案例分析不能停留于表面，应深入探讨现象背后存在的本质问题。

4. 思政性

所选案例应服务于教学目标，同时也要起到思政育人的效果。例如，针对网络热点舆情事件"D&G辱华事件"，教师可以设置讨论情境，引导学生分别代入公众角色、

---

① 转引自：郑金州. 案例教学：教师专业发展的新途径[J]. 教育理论与实践，2002(7)：36-41.

媒体角色、DG公关角色等，模拟各自的具体反应，让学生学会运用马克思主义新闻观辩证分析相关事件背后所隐藏的文化歧视及更深层次的文化霸权输出问题，提高学生对西方文化霸权输出的警惕性，增强学生对中华传统文化的保护意识。

（二）公关思政教学案例解析

仅仅在公共关系课堂上引入思政教学案例显然是不够的，案例教学法的核心在于引导学生利用所学知识去解读和分析案例。在此过程中，教师需要做好以下几个方面的工作：一是要重视案例教学之前的理论讲授。案例教学法并不是万能的，尤其对于本科生来说，知识储备的不足与生活经验的欠缺会让案例研讨流于表面，只有先掌握相关的基本概念、理论、原理和分析框架，才能为后续的案例分析打好基础。二是要精心设计教学案例信息承载的问题清单。课堂教学不能变成案例罗列，一个案例所承载的理论知识导向要明确，所提问题指向要切合课堂教学目标，教师要引导学生紧密结合案例内容进行讨论。三是要将课堂重点放在对案例问题的讨论与分析之中，引导学生透过现象看本质，培养其对问题的分析总结能力、口语表达能力等。四是要重视分析总结，升华案例主题。教师在引导学生讨论后，要及时进行总结，救偏补弊，升华案例主题，提升学生的知识迁移和应用能力。五是要尽量挖掘案例中的思政元素。教师要引导学生用马克思主义的基本立场、辩证唯物主义的方法论去思考和分析问题，挖掘公关思政的融合点，培养学生的社会责任感和信念感，实现教书育人一体化的目标。

四、公关思政案例教学的组织实施路径

公关思政案例教学可以将公共关系知识与思政元素融为一体，其实践效果与具体课堂的组织实施情况密切相关。一般而言，公关思政案例教学的组织实施可以分为课前准备、课堂实践、课后评估三个阶段。课前准备包括教师选择和编排公关案例，设定与专业有关的思政问题，安排学生查阅相关文献、预习理论知识、准备讨论材料等。课堂实践环节包括学生讨论、分组展示、角色模拟辩论等。课后评估主要是用于检验师生在案例教学中的表现和取得的教学效果，涉及教师引导情况、学生课堂参与情况、材料撰写与表达情况、小组活动及思政理念的形成等，为下一阶段的学习奠定基础。

具体来说，公关思政案例教学实施路径包括：

（一）以静态公关案例为载体，实施随堂教学

静态公关案例是指教师根据教学目的和教学内容的需要，基于公关行业中的真实

案例,重新编写或开发的文本或视频案例。在静态公关案例中,教师可以融入公共关系基本理论、原理等专业知识与职业伦理、社会责任等思政元素。

例如,在讲授公共关系原则时,引入案例和问题讨论:

> 某生产电视机的公司由于客观因素或工人违反操作规程,生产出一批次品。对此,公司领导意见不一。有人认为应该全部销毁;有人建议向消费者说明情况,降价处理;有人提出加强售后维修服务和力量;有人提议低价售给本公司职工;还有人提出采取瞒天过海的方式,全部销往偏远地区。①

请问:

(1)作为公司公关人员,你同意哪种处置措施?依据是什么?

(2)你的这种处置措施可能会对公司和消费者产生什么影响?

(3)你的这种处置措施符合公共关系原则吗?

问题(1)是让学生从已有的知识和生活经验出发,参与讨论,表达自己的观点。学生根据各自的生活经验,阐述了不同的观点和政策依据,为后续讨论奠定基础。

问题(2)引入企业公关理论,以演绎推理的方式,引导学生思考企业短期利益与长期利益的取舍问题、企业品牌形象问题、企业的社会责任问题等,并从中得到思政启示。

问题(3)是对公关理论的课程总结。教师可以引导学生以案例为基础,拓展自己的视野,总结所学到的公关理论知识并应用于实践。

这种以静态案例为载体的随堂教学,其难点在于问题的设置与教师的引导上。所设置的问题应兼顾专业性与思政性,教师的引导不能偏离主题。同时教师在课前应做好问题预案,避免准备不足、忙中出错。

(二)以动态演示案例为场景,实施模拟教学

动态演示案例是指教师结合具体的案例,组织学生进行场景化再现的角色扮演。这种教学方式能够激发学生的参与热情,让学生更好地情感融入。例如介绍新闻发布会,可以在完成课堂讲授后,专门用一堂课的时间举行一次模拟新闻发布会,由学生扮演会议主持人、新闻发言人、媒体记者、自媒体大V、媒体联络人、当事人等角色,从前期准备到现场发言、记者提问,全程予以再现。这种模拟教学不仅能让学生摆脱抽象理论的枯燥感,认识到用理论知识指导实践的重要性,而且能锻炼学生的口语表达、人

---

① 林祖华.公共关系理论与实践(第二版)[M].高等教育出版社,2021.

际沟通、公关礼仪等各方面的能力。

对于实践模拟教学来说，最重要的是范本案例的选择。一是要紧密结合时事热点话题；二是要把握基本的政治导向。

(三)以小组展示活动为媒介，开展实践教学

具体来说可以分为四个步骤。第一步，教师在课堂上根据所讲授的理论知识提供案例背景，布置选题与小组展示要求，留给学生一到两周的时间进行准备。在此过程中，教师需要为学生夯实理论基础，把握案例情节，提取有效信息，选题与小组任务方向明确，便于学生自主学习。第二步，学生自主搜集资料，制作展示 PPT。在此过程中，师生保持联系，随时解疑答惑。第三步，学生分小组进行课堂展示与答辩。教师做好引导与支持工作，促进学生发散思维。第四步，教师总结，归纳小组展示中的优缺点，提出改进建议；学生修改 PPT 内容，并写下学习感想。

案例教学法是公共关系思政课程建设中使用频率较高的一种教学范式。它在案例选择上具有真实性、典型性、针对性、思政性等特点，在案例解析中注重学生的参与感和获得感，在案例教学组织实施过程中注重问题导向，并且根据具体的教学目标和案例特点，采用随堂教学、模拟教学、实践教学等方式组织教学。在当前高等教育深化改革的背景下，公关思政案例教学必将迎来属于自己的新时代。

(邓翠平，武汉传媒学院副教授)

“互联网+”背景下高校课程思政教学模式探索*

Exploration on the Teaching Model of Ideological and Political Education in University Curriculum under the Background of “Internet+”

◈ 马旻

Ma Min

摘要:在我们所处的“互联网+”时代,网络思维和思政教育工作互相融合,产生了“网络+课程思政”模式。随着高校思政教育工作向数字化方向发展,传统的课程思政教学在教学管理内容、教学方式方法等各方面都受到了冲击和挑战。网络与课程思政的融合教学模式不再是一种趋势,而是高校改革的一种必然。为了更好地实施高校课程思政建设,实现人才培养目标,高校应提高教师的专业水平和政治素养,与机构企业开展深入合作,以学生为中心组织教学,打造沉浸式思政教学环境,推动专业与思政教学融合发展,实现高校课程思政的模式创新。

Abstract:In the context of the“Internet plus”era, the integration of network thinking and ideological and political education has led to the digital development of ideological and political education in colleges and universities. The “network + curriculum ideology and politics”model has also changed. The traditional curriculum ideological and political teaching has been impacted and challenged in teaching management content, teaching methods and other aspects. The application of the internet for blended learning is no longer just a trend, but has become an inevitable necessity for higher education. In order to better implement the ideological and political construction of university courses and achieve the goals and requirements of cultivating talents, universities need to improve the political literacy of the teaching team, cooperate with institutions and enterprises, innovate teaching methods centered

* 本文系武汉传媒学院新闻传播学院2022年院级“课程思政”示范课立项项目结项成果。

on students, create an immersive ideological and political teaching environment, promote the coordinated development of majors and ideological and political teaching, and achieve innovative models of ideological and political education in university courses.

关键词：互联网＋；思政建设；沉浸式思政教学

Keywords: Internet Plus, Ideological and political construction, Immersive ideological and political teaching

互联网不仅可以提供丰富的教育资源，同时也对大学的课程思政建设产生了深远的影响，过去都是以单一的知识传播方式为主导，而现在的知识传播方式更倾向于交互性，思政教育的模式也变得更为开放。①

课程思政作为我国新时代背景下的一种综合教育教学育人理念，其主张充分发挥高校所有课程的思想政治教育功能，推动专业教育和思政教育的同向同行，构建起全员、全程、全方位的育人大格局。②

"互联网＋"时代催生了很多新的教学方法和教学模式，如慕课、超星、ZOOM、腾讯大会等，其不仅突破了传统的思政教学模式，将教师的教学工作由线下转向线上，同时也满足了高校学生在不同地方共同学习的需求。本文以"互联网＋"为切入点，探讨高校思政教学改革的实施路径，用互联网思维来创新传统的思政教学模式。

一、高校课程思政教学现状

在我们所处的"互联网＋"时代，网络思维和思政教育工作相融合，产生了"网络＋课程思政"模式。随着高校思政教育工作向数字化方向发展，传统的课程思政教学在教学管理内容、教学方式方法等各方面都受到了冲击和挑战。网络与课程思政的融合，不仅能让优秀的教育资源为多数人共享（比如高校开设的一些网络公开课，面向全体学生免费开放），最大限度地实现了教育公平和教育资源的合理分布，而且突破了传统教育模式的局限（得益于网络在线教学，学生不再受时间和空间的限制，可以随时随地学习），极大地提高了学习效率。但与此同时，高校线上课程思政的发展完善仍然面

① 解琳."互联网＋课程思政"教学模式改革实践[J]. 新教育时代电子杂志（教师版），2022(28)：145-147.

② 郑卓，陈莹.新闻传播专业推进课程思政建设的价值意蕴与实践路径[EB/OL].(2021-09-01)[2023-07-09]. https://www.idpi.cn/guoqixiajianghuagao/818197.html.

临着不小的阻碍和挑战。

二、高校课程思政线上教学面临的挑战

(一) 注重传统的思想政治教育,缺乏对隐性教育的认知

与线下开设思政理论课程这种显性教育相比,运用新媒体平台进行的高校网络思政教育就是一种隐性教育。目前来看,部分高校往往只注重传统的思政教育,缺乏对隐性教育的认知,影响到思政建设的改革力度。对于年轻的大学生来说,一方面,我们不希望他们变成这些新媒体的附庸,另一方面,也希望他们能够借助新媒体获得更多的资源和信息,为社会发展做出一定的贡献。因此,如何将理论与实践相结合,让线下与线上内容联动起来,提升高校思政教育的整体成效,是值得每一位思政教师认真思考的重要问题。

(二)网络给高校思政教育带来的影响

网络技术的发展,不仅为高校思政改革创造了新的契机,同时也对高校思政教育工作带来了一定的挑战。一方面,网络课程的发展不仅为高校教师开展思政教育工作带来了极大的便利,同时也给学生随时随地接受思政教育创造了条件;另一方面,网上信息鱼龙混杂、良莠不齐,而大学生正处于世界观、人生观、价值观尚不稳定的时期,辨别力较弱,极易受到西方拜金主义、享乐主义以及个人主义的影响。作为高校教育工作者,如何引导学生树立正确的三观,形成良好的道德规范,成为高校网络课程思政所面临的新的挑战。

(三) 专业课教师没有充分发挥课程思政教育作用

最后也是较为重要的一点,就是专业课教师并没有充分发挥课程思政教育作用。在“互联网+”的背景下,获取知识和信息的手段途径变得更加丰富多样,按照传统课程思政教学方法已经跟不上时代发展的需要,也不能够满足学生多样化的需求。“从高校教学的意义上来说,显性思政教育是主要的教育手段,不仅要把平时的基础思政课讲好,还要进一步挖掘不同学科不同课程中所蕴含的思想政治资源,用来辅助思政课堂,同时也要注重隐性思政教育与显性思政教育统一结合,让专业课程与思政内容

同向同行，形成协同效应。”[①]

但是目前在很多高校中，不少学科负责人和教师并没有完全重视专业课程的思政教育，在授课时没有融入对课程思政内容的思考，只是象征性地加入一些思政案例，思政教育似乎被很多专业课教师认为是马克思主义学院和思政课教师的“独角戏”，这种思想十分不利于高校思政教育的发展。《高等学校课程思政建设指导纲要》中明确提到，专业课程是课程思政建设的基本载体。要深入梳理专业课教学内容，结合不同课程特点、思维方法和价值理念，深入挖掘课程思政元素，有机融入课程教学，达到润物无声的育人效果。[②] 因此，只有将专业课程与思政课程相融合，将显性教育和隐性教育相统一，形成协同效应，才能构建全员、全程、全方位育人大格局。

三、高校课程思政教育改革的实施策略

（一）创新传统课程思政教育方法，提高师生思政素养

从本质上来讲，课程思政是一种培养人、塑造人的方法和手段，“立德树人”是其根本任务。课程思政的意义是要把思想政治理论知识、价值观、精神追求等渗透到高校的每一个专业、每一门课程之中，使思政教育、专业教育、实践教育齐头并进，共同承担起育人的责任。

一方面，发挥传统课程思政教育的作用，提高师生的思政素养；另一方面，教师可以尝试创新课程思政教学方法，比如，利用各种直播软件（如慕课、超星、腾讯会议等）开展线上教学，再比如，通过网络直播技术，在线收集课程资源，构建网上课程体系。教师也可以选择学生感兴趣的热点新闻事件作为课堂案例，丰富线上课堂的情景教学；积极使用直播软件里面的各种功能，如课堂调查问卷、课堂师生互动讨论、课上抢答问题、课后在线布置作业、学生在线反馈、线上测验考试等。[③]

（二）建立教学工作组协同育人，发挥学生的主体性作用

课程思政教学不能脱离教师的主导地位，既要加强教师对学生认知规律和接受特点的研究，又要发挥学生的主体性作用，唯有将教师主导与学生主体相结合，才能使课程思政变得生动起来。高校可以对教师定期组织专业思政知识培训，解读国家最新的

---

① 刘小丽. 依托“互联网＋课程思政”模式创新高校思政教育工作实施路径分析[J]. 教育现代化，2019(93).

② 教育部关于印发《高等学校课程思政建设指导纲要》的通知（教高〔2020〕3 号）[EB].（2020-05-28）[2023-07-10]. https://www.gov.cn/zhengce/zhengceku/2020－06/06/content_5517606.htm.

③ 蔡炜. 高校思政课教学模式在“互联网＋”背景下的创新策略探究[J]. 数字通信世界，2021(11)：3.

政策,帮助教师了解当前国家的大政方针,把握好政治方向。各个院系通过成立教学工作组,整合各学科的教师资源,发挥协同育人的作用,达到全面提高学生综合素质的目的。

在课堂上面对学生提出的网络社会热点问题,教师要能够洞察、敏锐地识别隐藏在新闻事件背后的意识形态问题,线上教学要时刻保持高度的政治自觉性,始终贯彻落实党和国家的发展理念和大政方针,以科学的发展观和方法论为指引,帮助学生树立正确的价值观念和人生目标。

(三)完善线上思政平台建设,打造沉浸式思政学习环境

借助互联网构建完善的思政学习共享平台,打破时间和空间的限制,方便学生随时随地学习。互联网与课程思政的融合,不仅打破了以往教学方法和教学条件的限制,同时也实现了信息化和课程思政之间的良好关联,因此构建这种资源共享的思政学习平台十分重要。教学活动离不开社会与个体间在文化层面的互动,思政教学要最大限度地利用社会资源打造沉浸式的学习环境,让课堂教学与社会教学具有一致性;这样不仅学习效果有了质的飞跃,学生可以在浓厚的社会气氛中,培育出家国情怀,还可以避开专业教学与思政教学之间的矛盾,有效提高了学生对核心价值观的认同。①

(四)丰富高校课程思政考核形式

开展网络课程思政教学的最终目的是为了提高学生的思想政治素养。国内许多高校传统的课程思政考核采用期末考试打分的形式,但在互联网背景下,这种考核方式显然跟不上时代的步伐,它只是单纯地考查了学生对理论知识点的掌握,并没有全方位地展现每一个学生的思想面貌和政治素养。因此,丰富高校课程思政考核形式,根据教学内容采取不同的考核方法势在必行。

教师应转换思路,采用多种形式的考察手段来检验学生的学习成果,比如,我们可以借助超星教学软件后台的查询功能,查看学生的教学课程及作业完成情况,与学生建立良好的学习氛围和沟通渠道,真正全方位地提升学生的思想政治素养。

---

① 白晓晴,顾洁.“四全媒体”框架下课程思政建设的创新探索——以国家级本科一流课程“融合新闻学”为例[J].青年记者,2021(23):3.

四、结语

当今时代，网络与课程思政的融合教学已不再是一种趋势，而是高校改革的一种必然。为了更好地实施高校课程思政建设，实现人才培养目标，高校应把“互联网＋”与课程思政的融合深入贯彻到底，更好地实现立德树人的根本任务。

（马旻，武汉传媒学院讲师）

实践教学

传媒院校“内涵+应用”教育的探索与实践

——以武汉传媒学院电影与电视学院为例

Exploration and Practice of the“Connotation+Application”Education in Media Colleges

—A Case Study of the School of Film and Television, Wuhan University of Communication

◈李 华

Li Hua

摘要：中华文明的悠久历史为影视艺术创作提供了无限可能，同时也赋予其重要的历史使命。为了适应新时代人才培养的新标准、新要求，武汉传媒学院电影与电视学院全面深化了人才培养模式改革，大力推动影视艺术专业教育创新，探索影视艺术类人才培养创新路径，力求培养出一批综合素质优良、理论基础扎实、具有较强实践能力和创新精神的复合型应用人才。

Abstract: The long history of Chinese civilization has provided infinite possibilities for the creation of film and television art, and also endowed it with an important historical mission. In order to adapt to the new standards and requirements of talent training in the new era, the School of Film and Television of Wuhan University of Communication has comprehensively deepened the reform of talent training mode, vigorously promoted the innovation of film and television art education, and explored the innovation path of film and television art talent training. We strive to cultivate a group of compound application talents with excellent comprehensive quality, solid theoretical foundation, strong practical ability and innovative spirit.

关键词：融合；内涵；应用；创新；影视人才

Keywords: Fusion, Connotation, Application, Innovation, Film and Television Talents

随着现代传媒技术的迅猛发展，传媒产业日益成为国民经济的重要支柱之一，传媒行业对专业人才的需求越来越高，如何培养适应时代发展需求的高素质传媒人才成为传媒院校教育的核心问题。近些年,围绕这一核心问题,传媒类院校进行了一系列创新性改革,发展"应用型高等教育"被提上议事日程。应用型高等教育是相对于传统的纯研究型、理论型教育而言的一种新型教育类型,主要以培养"应用型人才"为主。所谓"应用型人才",是指能将专业知识和技能应用于所从事的专业社会实践的一种专门的人才类型,是熟练掌握社会生产或社会活动一线的基础知识和基本技能,主要从事一线生产的技术或专业人才。因此在这种类型的人才培养中,往往容易陷入重技术而轻素质的误区,而传媒产业是一种特殊的行业,媒介及其信息传播联系和支撑着人类社会的生活空间,不仅影响着个体的思想、意识与行为,更决定着社会肌体的健康有序运行。所以满足当下传媒行业需求的"应用型人才",不仅要具备较高的专业技能,同时也要具备健全的人格、理想的人文情怀、勇于担当的责任意识、出色的协同能力等。这就要求传媒院校对人才的培养不仅要注重实践与应用技能的提升,也要加强学生的综合素养,突出内涵教育。并且从某种程度上来说,包含了文化与传统、传媒理论、传媒伦理、传媒艺术等方面的"内涵教育"更应该成为传媒院校的核心教育,因为内涵教育的目的是培养学生的思维、创造、批判和分析能力,使学生成为有文化内涵、有是非观、才华横溢的专业人才。

在传媒院校中,内涵教育和应用教育应该密切配合,内涵教育为应用教育提供理论基础和文化内涵,应用教育为内涵教育提供实践平台和运用场景,两者相辅相成,共同为培养优秀的传媒人才服务。武汉传媒学院电影与电视学院在"内涵+应用"教育实践中进行了有益的探索与实践。

一、构建新艺术类影视创作复合型应用人才培养"三融三育"模式

为了培养影视创作复合型应用人才,武汉传媒学院电影与电视学院构建了"三融三育"教育模式。

这个模式对"内涵+应用"教育进行了深入探索,其核心理念是"厚基础、宽视野和重应用",将通识教育与专业教育、实践教育相融合,提升学生的实践创新能力、环境适应能力和可持续发展能力,达到育人、育能和育业的目的。

(一)构建以立德树人为主线的通识教育模块,"通专融合"提升素养

现代社会"网络联通+资本驱动",为影视文化创作提供了无限可能,也赋予其更重要的历史使命。影视创作在互联网技术的加持下,形成了多渠道传播、多场景应用的新生态,呈现出受众分层化、内容多样化、审美需求多元化的特点。与此同时,影视

行业表现出对“影视艺术＋影视技术”复合型应用人才的培养需求。这样的复合型应用人才要求具备一定的实践创新能力、环境适应能力和持续发展能力，单一的专业技能已不能满足当下的职业需求，因此重视学生综合素质的培养，强调学生的思辨能力、创新能力和团队合作精神的厚基础教育，不仅可以帮助学生树立良好的学习习惯，还能够为他们的未来发展打下坚实的基础。

武汉传媒学院紧跟时代发展，力求培养在审美倾向、价值导向、创作方向等各方面都能起到正向引领作用的“守正创新，德才兼备”的影视创作专业人才。学院通过通识教育帮助学生树立了正确的价值观，通过专业教育帮助学生掌握了实用的技能和知识，通过“通专融合”教育更好地提升了学生的综合素养。借用一个专业术语，这种“通专融合”教育就好比是一种“景深式”教育，它不止教会学生画眼前的风景，更重要的是修炼风景背后生机盎然的“浓绿”，因为这个“浓绿”才是支撑学生在专业领域中行稳致远的源头活水。

(二)构建以交叉整合为特征的专业教育模块，跨专业赋能

专业整合可以融合多专业的优势，打破专业之间既有的壁垒，这样不仅有利于提高专业自身的创新能力，同时也有利于知识体系的创新发展，产生交叉、融合的新领域。武汉传媒学院一共有 34 个专业，其中电影与电视学院就拥有表演、戏剧影视导演、戏剧影视文学、影视摄影与制作、广播电视编导等本科专业，完整对应了影视创作的全产业链。为了放大专业优势，彰显特色，学院在教学实践中打通专业壁垒，建立活模块课程体系，推进专业、课程进行交叉协同。例如，戏剧影视文学专业的“戏剧剧本创作”＋戏剧影视导演专业的“戏剧导演”＋表演专业的“表演”，在教学实践中以项目为牵引，跨专业、跨课程进行联动，从前期剧本创作，到中期现场调度排演，再到最终舞台表演呈现，实现了戏剧创作全流程教学。借用一个专业术语来形容，这就好比是“广角式”教育，在专业学习和创作过程中，学生能够学会用全局意识和统筹理念指导一隅的创作，通过专业交叉协同训练，学生在心目中形成了前期编导思维、中期拍摄和表演思维以及后期的合成包装思维。这种既具备多专业的横向整合能力，又具备专业领域优势特长的复合型应用人才，正是市场所需要的。再比如，2019 级表演专业学生的毕业创作多媒体精品大戏《朱丽叶小姐》，不仅集合了电影与电视学院的表演、戏剧影视导演、戏剧影视文学、影视摄影与制作、广播电视编导等专业的学生从剧本创作、现场调度、舞台表现、多媒体制作与呈现方面进行联合创作，还整合了设计学院舞台设计专业的学生对该剧的舞美进行创作设计。相应地，各学院也会根据学生创作的需要，成立由影视导师、表演导师、设计导师乃至行业导师组成的导师团，全程跟踪指导学生的

毕业创作,合力对学生进行精准专业的高阶指导。此外,在当下的全媒体生态环境中,节目创作需要建立网台联播意识,具备全流程融通的能力,电影与电视学院推进课程联动(如节目编导+节目导播+节目包装+节目运营),开展链式教学,将节目编创所需要的前期、中期、后期及市场运营的知识点进行衔接,创作环节进行对接,创作作品进行整合,充分导入全媒体的编创思维和技巧,训练学生形成"一次创作、多元生发、多平台推送"的全媒体传播意识和能力。

(三)构建以全面授业为目的的双创教育模块,双创教育与实践教学融合

这里的"双创"指的是创新和创业,二者紧密结合,使得创新所产生的成果能够更快地转化为商业价值。双创是促进经济发展的重要手段。双创与教学的结合,指的是将创新创业融入实践学习中,"授人以渔",培养学生的独立思考能力、自主学习能力以及自我发展的能力,让学生在实践学习中具有自主性和掌控感,发挥自身所长,从而更好地规划自己的职业生涯。为此,学院建立了"一主两翼"的运行机制,将双创教育与实践教学深度融合。"一主两翼"中的"一主"指的是学生主体;"两翼"分别指以成果导向构建的教师专门团队+全员全过程辅助,以资源导向构建的产教融合实习基地集群+学科专业赛事和创业实战项目牵引,引导学生创新创业与行业对接。

1.对标学科专业赛事

根据专业领域、行业市场需求等因素,学院建立了一支具备专业技能和创新创业实践经验的教师团队,将课程实践教学对标学科专业赛事,传授学生专业知识和实践经验,并充分调动教学辅助资源,由专业老师精准辅导,班主任老师、辅导员全程助力,采取班赛、系赛、院赛、校赛、省赛层层推进的方式,为学生提供全员全过程辅助,训练学生的创新思维和实践实操,增加创新创业实战经验。

2.对标创业实战项目

学院将企业、政府等多方资源整合在一起,构建实习基地集群,共同开发并提供对标行业的项目对学生进行创业实战训练。专业导师+行业导师+项目实操,不仅激发了学生的创业热情,拓展了学生的创业路径,同时引导了学生的创业方向。产业和教育资源深度融合,实现了产教协同。

二、建立项目引擎、递次进阶、螺旋上升的实践教学体系

结合布鲁姆认知目标分类体系,以课堂教学和课内实践为核心链接,以实践教学

为实施路径，以项目实战为驱动引擎，递次进阶、螺旋上升地让学生完成对专业核心知识从记忆、理解、运用的低阶思维训练到分析、评价、创造的高阶思维训练。与此相应，学院的课程也是对标行业流程及规范进行设置。以广播电视编导专业为例：课程设置分为职业素养、职业技能、整合应用三大模块，通过知识点、知识阶、知识群、知识融通的递次进阶式训练，逐渐让学生成长为具有人文素养、熟悉戏剧影视创作全流程、具备专业特长的复合型应用人才。这个实践教学体系有两大关键：

（一）创新课堂教学

一是以实践为导向，按照实践的流程和难度，对章节内容进行重新定义、梳理，便于学生结合课堂内容进行有针对性的应用实践；二是对课内实践进行“5＋5＋1”的分层设计，即5次课堂作业（重在对知识点的记忆、理解）；5次课后作业（重在对知识点的应用）；1次结合作业（重在对课程知识，“点、线”结合的应用）。

（二）夯实实践教学

1. 体系化推进实践教学

围绕课堂教学，设置知识点、知识阶、知识群、知识融通的递次进阶式训练。首先，拆分知识点，如节目选题怎么寻找、节目内容怎么策划、节目结构怎么设置、节目形态怎么确立；解决了这些知识点问题后，再将知识点串联成线、编织成面，编创出完整的节目，并利用多元化的教学方法实现教学的创新性。

2. 校企合作实践教学，采用项目引擎，实现成果转化

目前，电影与电视学院已建成较为完善的实习实践教学基地矩阵，其中包括主流媒体、上市企业和网红爆款旅游演出机构。学院与这些企业展开深度合作，实现了学生创作从作品到产品再到商品的成果转化。

3. 实现实践教学的全过程、可视化监管

学院利用线上教学，解决了一直以来困扰实践教学的不好监管、评价不够量化等痛点，实现了全过程、可视化的监管。

4. 积极吸纳社会资源，打造极致沉浸的影视创作场域化氛围

学院通过多元化的方式引入社会资源，打造了一个能够吸引创意人才和创新思维的创作空间。一是邀请学界、业界大师授课，调动学生的学习兴趣。二是开办名师坊，面对面地聆听与畅谈，深度激发学生的创作灵感。三是引入市场热映的影视作品，举

办校园点映活动。浓厚的影视氛围,点燃了学生的创作梦想。四是利用专业赛事、高峰论坛,引导学生创作升华。学院承办和协办了一系列专业赛事、高端论坛,提升了学生的思辨能力、鉴赏能力和创作能力。

三、结语

人才培养模式的探索与创新是一个长期而复杂的过程,需要结合市场需求破旧立新,需要学校整合教育资源进行合理分配,同时也需要各部门转换观念形成合力整体推进与创新。本文所做的只是一种初步尝试和探索。在新的历史时期和我国高等教育全面深化改革的大背景下,我们应以习近平新时代特色社会主义思想为指导,抓住市场机遇,探索出符合教育发展规律的传媒院校办学模式,培养出与市场相契合的高素质传媒人才。

(李华,武汉传媒学院电影与电视学院副教授)

高校“双线混融”教学模式的实践与探究*

The Practice and Application of the Teaching Mode of “Two-line Blending” in Colleges and Universities

◎ 王玲玲

Wang Lingling

摘要：后疫情时代，高校教学改革持续进行，“双线混融”教学模式通过不断的实践与探索逐渐发展成熟，但仍面临着互联网技术异化下的人本危机、教学策略滞后、“孤军奋战”的陷阱等困境。本文主要探究高校“双线混融”教学模式以生为本、以学为本，促进学生深度学习、注重学习交互及体验感的实施策略。

Abstract: In the post-epidemic era, the teaching reform of colleges and universities continues, and the teaching mode of “two-line mixing” gradually matures through continuous practice and exploration. However, in practice, it still faces the human crisis caused by the alienation of Internet technology, the influence of lagging teaching strategies, the trap of “fighting alone” and other difficulties. This paper explores the implementation strategies of the “two-line mixed” teaching mode in colleges and universities, which is student-oriented and learning-oriented, promotes students' deep learning, and pays attention to learning interaction and experience.

关键词：双线混融教学模式；高等教育；深度学习

Keywords: Two-line mixed teaching model, Higher education, Deep learning

2020年年初，一场突如其来的新冠疫情彻底打乱了高校平稳的教学秩序，大部分高校被迫转为线上教学，很多高校教师也首次尝试了直播、慕课等教学方式。疫情防

* 本文系2022年全国高等院校计算机基础教育教学研究课题项目“新文科背景下‘Web前端开发’课程双线混融教学模式研究与应用实践”（项目编号：2022－AFCEC－544）的阶段性成果。

控时期,很多高校实施了封闭管理,出现了部分学生在校、部分学生不在校的现象。为了满足所有学生的学习要求,很多高校实施了“线下教学+线上直播”的教学方式。这对很多高校教师来说,既是一种挑战,也是一种全新的体验。在线上线下混合教学模式下,部分老师又不断地进行探索创新,摸索出一种“双线混融”教学模式。在后疫情时代,这种“双线混融”教学将成为常态,有必要对其进行深入探究。

一、高校“双线混融”教学模式的提出

(一)从“在线教学”到“线上线下混合”

在计算机网络技术推广之前,我国高校已经借助卫星电视网络实施了各种远程教育,也被称为电化教育。随着互联网技术的发展,信息技术与教育结合得越来越紧密。1998年12月,教育部通过《面向21世纪教育振兴行动计划》,其中指出,“在即将到来的21世纪,现代信息技术在教育中广泛应用并导致教育系统发生深刻的变化。实施‘现代远程教育工程’,形成开放式教育网络,构建终身学习体系。要依托现代远程教育网络开设高质量的网络课程,组织全国一流水平的师资进行讲授,实现跨越时空的教育资源共享”①。2012年教育部出台的《教育信息化十年发展规划(2011—2020年)》明确指出在2020年要“形成与国家教育现代化发展目标相适应的教育信息化体系,基本建成人人可享有优质教育资源的信息化学习环境”②。2018年教育部又颁发了《教育信息化2.0行动计划》,提出要“推出3000门国家精品在线开放课程,建设7000门国家级和1万门省级线上线下高等教育精品课的目标”③。在此背景下,各高校纷纷开展了“一师一优课,一课一名师”实践活动,录制了高质量的“在线开放课程”教学资源。

2020年年初,一场突如其来的新冠疫情彻底打乱了高校平稳的教学秩序,大部分高校被迫转为线上教学,有高校首次尝试使用了“网络平台课程+直播”的方式(学生

---

① 教育部.面向21世纪教育振兴行动计划[EB/OL].(1998-12-24)[2023-03-26]. https://wenku.baidu.com/view/1416c18b77c66137ee06eff9aef8941ea66e4b38.html? fr = aladdin664466&ind = 3& _ wkts _ = 1689058336359.

② 教育部.教育信息化十年发展规划(2011—2020年)[EB/OL].(2012-03-13)[2023-03-26]. https://baike.baidu.com/item/%E6%95%99%E8%82%B2%E4%BF%A1%E6%81%AF%E5%8C%96%E5%8D%81%E5%B9%B4%E5%8F%91%E5%B1%95%E8%A7%84%E5%88%92%EF%BC%882011－2020%E5%B9%B4%EF%BC%89/15188473? fr=ge_ala.

③ 教育部关于印发《教育信息化2.0行动计划》的通知[EB/OL].(2018-04-18)[2023-03-26]. http://www.moe.gov.cn/srcsite/A16/s3342/201804/t20180425_334188.html.

先自行通过网络平台完成线上课程学习，教师再通过直播的方式与学生进行交流）。这实际上也是另一种形式的线上线下混合教学模式。后疫情时代，更多的教师不再满足网络平台课程的教学资源，自发地进行线上课程资源的建设，这个时候，线上线下混合教学模式已成为高校教学常态。

（二）从“线上线下混合”到“双线混融”

“双线混融”教学模式率先由华东师范大学李政涛教授正式提出。“双线混融”强调双线教学的“融通”，融的含义是指线上教学与线下教学“不分你我”，双线混融教学的最高境界是双线共生。①

在线上线下混合教学模式中，不论是“先线上再线下”还是“先线下再线上”，都是线上与线下分离或者交替存在的。“双线混融”教学模式的提出，主要针对的是线上线下混合教学模式在教学实践应用中存在的“双线分离”“双线交替”等问题。

（三）“双线混融”教学的特征

1.“双线混融”教学强调以学为本

在线上线下混合教学模式中，很多教师喜欢使用“翻转课堂”这一“神器”，认为“先学后教”就是先进的教学理念。其实不然。不论是“先学后教”还是“先教后学”，都表现出了教与学的分离或者交替出现的状态。在“双线混融”教学中则要坚持“以生为本”“以学为本”，学生是教学活动的主体，学生的学习是教学活动的逻辑起点，也是逻辑终点，教师的“教”主要服务于学生的“学”。在“双线混融”教学模式中，“教”与“学”的活动是融合的，而不是分离的。

2.“双线混融”教学模式强调共生性、共时性

江苏省常州市教育科学研究院学者韩志祥从生物学的角度出发，形象地指出了“双线融合教学”是以学生为中心搭建起类似DNA双螺旋结构一样的线上线下教学融合结构，综合发挥线上线下教学的优势，促进学生全面发展②。“双线混融”教学模式需要打破传统的时空限制，通过丰富的教学资源、灵活的交互方式，依托信息技术，实现双线的混融共生。

---

① 李政涛.基础教育的后疫情时代，是“双线混融教学”的新时代[J].中国教育学刊，2020(5).

② 韩志祥.走向“双线融合教学”[J].基础教育课程，2020(24):17-24.

二、高校“双线混融”教学模式实践的困境

(一)互联网技术异化下的人本危机

“双线混融”是依托信息技术的一种教学模式,从线上教学平台的搭建到线上线下教学管理、教学过程的实施到教学评价,每一个环节都离不开信息技术的支撑。技术哲学家埃吕尔认为,技术是一种使人异化的力量,它侵入社会生活的各个部分。技术本身日趋自主化,使人类日益在技术的淫威之下无所作为。[①] 尽管这种自主技术论调有些悲观,但也从侧面反映出人类被技术裹挟前行的现状。不论是高校教师还是学生,都需要对此有所警惕。比如,高校教师需要注重保护个人隐私,尊重知识产权,重视与学生的线下交流及自身的主导地位等。学生更需要警惕网络沉迷,避免认知受限、搜索依赖以及逃避真实社交等。

在高校“双线混融”教学模式的实施和评价管理中,我们还需要警惕“唯数据论”。比如在很多高校及高校教学比赛中,对“双线混融”教学课堂的考核,将教学资源的丰富性与微课的数量、时长挂钩,学生的学习参与情况与签到数、任务点完成的比率、学习时长挂钩,学生的学习效果与答题的数据挂钩。在此,我们并不否定数据的客观性及其作为评价的一个衡量标准的可应用性,但是我们需要时刻明确“以人为本”“以生为本”“以学为本”,数据只能作为参考,不能作为评判课程好坏的最重要的标准,甚至是唯一的标准。“双线混融”教学模式下的课程教学效果最终还是要回归到学生真实的学习效果,而不能纯粹以数据来评判。

(二)教学策略滞后的影响

“双线混融”教学模式对教学策略的要求是很高的,但是在教学实践中,我们发现教学策略并没有跟上教学模式的步伐进行改进。部分课程中,线上资源就是课堂内容的迁移,不过是教师由站在讲台上讲转移到在摄像机前讲,从教学设计到教学方法都没有任何改变。另外在教学实践过程中,很多教师对“翻转课堂”认识不够深入,认为让学生先线上学习,然后再线下应用就是“翻转课堂”。这种做法只应用了“翻转课堂”的表现形式,而忽略了“翻转课堂”引导学生通过探究学习从而构建知识体系的内核,那么零碎的知识点及浅尝辄止的应用势必导致“翻转课堂”的教学效果差强人意。

---

① 黄欣荣.现代西方技术哲学[M].南昌:江西人民出版社,2011:24.

在“双线混融”教学模式中，教师必须要和学生们一起重新制定合理、行之有效的教学策略，才能发挥出“双线混融”教学模式的优势。

（三）“孤军奋战”的陷阱

在“双线混融”教学模式实践中，不论是教师还是学生，都会被一种“孤军奋战”的孤独感所包围。比如教师在录制慕课时，面对的不是学生，而是摄像机；教师在进行线上教学管理时，面对的也不是学生，而是数据；学生在线上学习时，虽然体验到了一对一的学习快乐，但是独自学习的各种困境也会包围着他，如其他网络信息的干扰、遇到困难时的无助、面对数字影像的虚拟感等。这种孤独感、沮丧感会不断地给师生带来负面反馈，从而消解教学和学习的热情，使师生陷入“孤军奋战”的陷阱。

三、高校“双线混融”教学模式的实施策略探究

（一）从“技术管理”到“技术服务”回归人本思维

由于“双线混融”教学模式主要依托信息技术展开，为避免互联网技术异化下的人本危机，我们需要在教学模式实践中秉持“以生为本”的教育理念，回归人本思维。教学的核心价值应该与“人”有关，“培养什么样的人、如何培养人以及为谁培养人”始终是教育发展的时代命题。

教师在教学设计时应避免只是简单的“知识搬运”，而是要深入挖掘如何提升学生的“生命价值”，重视教育根本，坚持立德树人。

在教学过程中，教师应警惕“技术为王”的思想，使用而不依赖技术，避免“眼中只有技术，没有人”的局面。要从“技术管理”向“技术服务”转变，将技术作为辅助手段而不是主控手段，为教学服务。

在对课程进行评价时，教学管理部门也要从学习效果出发进行考核，数据只能作为评判的参考标准。这能够从根本上对教学改革起到很好的引导作用。

（二）建构学习场域，重视深度学习

“双线混融”教学模式与深度学习具有天然的契合性。

首先，两者在学习主体及育人目的上具有一定的契合性。“双线混融”教学模式强调“以生为本”“以学为本”，通过教学活动的共生性，充分激发学生的主体意识和自主学习能力；深度学习注重培养学生的高阶应用能力，强调学生能够通过自主、合作、探

究性的学习,主动构建知识体系,促进自身的持续性发展。

其次,两者在教育资源和教学方法上具有高度的契合性。“双线混融”教学模式能够为学生提供适合深度学习的丰富的教育资源,同时“双线混融”教学模式常常使用的“项目驱动式”“做中学”“团队合作式学习”等教学方法,都与深度学习具有高度的契合性。

最后,两者在学习效果的评价上具有契合性。“双线混融”教学模式对学习效果的评价趋向于过程性、自主性、高阶性,这其实也是深度学习的考核标准。

那么,在“双线混融”教学模式中促进学生进行深度学习,教师可以采用建构学习场域的策略。首先,在课程的学习目标上,注重培养学生的高阶思维能力。其次,在进行教学设计时,利用系统论和建构主义对学习任务和知识点进行重新分解、架构,采用各种媒介形式进行教育资源建设,注重启发性、引导性、交互性及知识的关联性,从学习心理学出发,为学生构建具体的学习情境,引导学生发现问题、分析问题、解决问题,激发学生的自主学习动力,锻炼学生的高阶思维能力。最后,在学习情境的基础上,为学生搭建学习场域,形成学习社区,让学生能够通过互助、共享进行团队合作,实现深度学习。

(三)重视学习交互和学习体验,提升学习幸福感

在“双线混融”教学模式中,要更加注重师生互动、生生互动及学生与教学内容之间的互动。

首先,充分发挥教师的主导性作用。教师可以寻找合适的契机,主动与学生建立一对一、一对多的沟通渠道。教师可以为学生创建学习情境,鼓励学生组建学习小组、微助教等学习团队。教师在建设教学资源时,要有意识地提供学生与内容之间的互动。在教学评价时,教师能够为学生提供互动支持,形成多元化的评价体系。

其次,充分调动学生的主体作用。学生作为“双线混融”教学模式中的学习主体,也是学习互动中的核心主体,只有充分发挥主体作用,不断激发学习动力,提升参与度,才能实现学习交互,形成良性循环。

最后,注重学生的学习体验,提升学生的幸福感。在建设教育资源时,教师要充分考虑学生的学习体验,充分尊重学生,尽量用最简洁、最有趣的方式呈现学习内容;另外还可以通过建设高水准的智慧教室,采用 VR 设备、体感识别技术等增强互动性和学习体验,让学生获得学习幸福感。

四、结语

高校“双线混融”教学模式是坚持以生为本、以学为本，遵循高校教学规律的创新教学模式，是后疫情时代的一种教学改革探索。充分发挥“双线混融”教学模式的优势，推进高等教育的高质量发展，是当前高等教育改革的一项重要举措，也是每一位教育工作者身上理应承担的重要使命。

（王玲玲，武汉传媒学院副教授）

浅谈产教融合背景下应用型传媒人才培养理论与实训一体化课程实践教学改革

——以“纪录片创作”课程为例

A Brief Analysis of Practical Teaching Reforming of Theory-practical Integration Curriculum of Applied Media Talent Cultivation under the Background of Industry-Education Integration

—Taking the Documentary Film Creation as an Example

◎王 雷

Wang Lei

摘要:新时代社会经济和科技的高速发展,对高校人才培养提出了新的要求,提示高等教育需要从培养目标到社会实践进行全方位的改革。针对新形势下市场对传媒人才的特殊要求,本文以“纪录片创作”课程为例,从应用型传媒人才实践教学培养方式的建构基础、实践教学现状及改革的价值导向、在产教融合的基础上构建实践教学的基本体系、实现目标以及取得的阶段性成果、创新及应用推广价值等多个维度探讨如何把高校传媒人才培养与产教融合、理论与实训一体化结合起来,力图为高校应用型传媒人才培养的教学改革与创新提供新的思路。

Abstract: The high speed development of society, economy and science&technology in new era has raised the new requirement to high education talent cultivation. The overall layout has been present from education cultivation objectives to social practice. The paper aims at the special requirement to media talent in the new era, taking the Documentary Film Creation as an example, to discuss how to combine the university media talent cultivation with industry&education integration, theory-practice integration for providing the new thinking of university application-based media talent curriculum reforming and innovation from the dimensions of construction base of application-oriented media talent practical curriculum cultivation mode, the contemporary situation of practical teaching, the value orientation of reforming, the basic system, realistic objectives and the stage results, innovation and application promotion value.

关键词:产教融合;理论与实训一体化;实践教学改革;实训基地建设;应用型传媒人才
Keywords: Industry Education Integration, Theory-practice Integration, Practical Teaching Reforming, The Construction of Practical Training Base, Application Oriented Media Talent

一、产教融合是新时代提升高等教育质量的重要路径

产教融合是产业与教育的深度合作,是一种产业发展和人才培养的新模式,涉及人才培养、技术创新、产业发展、教学改革等多个层面。产教融合通过产业的需求推动教育的发展,能够促进教育与产业的互动和共赢。党的十九大报告指出:教育要“深化产教融合、校企合作”;党的二十大报告更是明确提出要“统筹职业教育、高等教育、继续教育、协同创新,推进职普融通、产教融合、科教融汇”[①]。

在产教融合的过程中,高校通过与企业的合作,不仅能够获得丰富的实践和教学资源,改善教育和学习的质量,还能够及时掌握行业前沿发展动态,积极对接市场需求,培养适应多元化社会的高素质专业人才。

2015 年以来,我国的产教合作已经步入了一个新的发展时期,不仅合作方式日趋多样化,而且合作的深度和广度也超出以往任何一个历史时期。与此同时,质量评价体系也在逐步建立和完善。在这一系列举措中,培养高素质创新人才是高等院校的重要目标。在此基础上,高校应该以社会需求为导向,促进学科专业交叉融合,建立与产业转型升级相适应的学科专业体系,尤其应在学科建设、课程体系、人才培养、教学模式、学生实践能力等诸多方面加强对应用型人才的培养,构建产教融合良性生态系统。

---

① 习近平. 高举中国特色社会主义伟大旗帜 为全面建设社会主义现代化国家而团结奋斗——在中国共产党第二十次全国代表大会上的报告(2022 年 10 月 16 日)[EB/OL]. (2022-10-25)[2023-03-26]. https://www.gov.cn/xinwen/2022-10/25/content_5721685.htm

二、产教融合人才培养模式的建构基础

(一)传媒生态的变化对应用型传媒人才培养的要求

2014年5月,国务院发布了《关于加快发展现代职业教育的决定》(国发【2014】19号),提出了"探索发展本科层次职业教育"①的新要求;2015年11月,教育部、国家发改委、财政部联合印发了《关于引导部分地方普通本科高校向应用型转变的指导意见》,强调要"引导部分地方普通本科高校向应用型转变,推动高校转型发展"②。普通高等教育办学模式向企业社会参与度高、专业特色鲜明的类型教育转变,产教融合、理论与实训一体化是随着社会经济发展而产生的一种人才培养的新模式。

随着科学技术的进步、互联网的兴起与高速发展,传媒生态发生了急剧变化,市场对传媒人才的需求激增,这给高校传媒人才的培养带来了新的契机。改变传统教育模式,培养适应新时代需求的应用型传媒人才,成为高校传媒教育积极探究的课题。

(二)应用型传媒人才培养方式的改变

在应用型学科建设中,产教融合是发展的必然方向。目前,应用型高校产教融合的模式大体上有研发模式、共建模式、项目牵引模式、人才培养与交流模式这四种基本模式,但在最为重要的人才培养模式上,"缺乏将政府、企业、高校、行业、社会资源整合联系的系统化平台思维,无法实现真正的深层次产教融合";在实践平台建设、"互联网+"技术运用、学生"双创"能力培养等方面的改革举措不足③;在教学上,体现为"课程体系与人才培养目标、教学模式与学生实践能力培养、师资结构与学生素质要求等相关要素的不匹配"。④

此外,片面理解传媒行业、依靠教师个人资源"单打独斗"⑤、忽视社会多层面对信息传播的渴求、急功近利一味"追逐时尚流行"、忽略基础培养,等等,也是当前传媒教育存在的普遍问题。因此,对传媒专业人才的培养要在产教融合的基础上,强化专业课程设计,与企业共同打造各类"金课"⑥;注重任务驱动式,借鉴案例分析法、合作教

---

① 国务院关于加快发展现代职业教育的决定(国发【2014】19号)[EB/OL].(2014-05-02)[2023-03-26].https://www.gov.cn/zhengce/content/2014-06/22/content_8901.htm.

② 教育部 国家发展改革委 财政部关于引导部分地方普通本科高校向应用型转变的指导意见(教发【2015】7号)[EB/OL].(2015-10-23)[2023-03-26].http://edu.people.com.cn/n/2015/1117/c1006-27822403.html.

③④ 计龙龙,李丽娟.应用型本科高校产教融合生态系统:模式、困境及现实路径[J].高教动态,2023(4).

⑤ 陈沛.解构与重构:"新文科"视域下跨学科课程教学的创新理念与实践探索[J].黑龙江高等教育,2023(1).

⑥ 修南.面向新文科建设的教学改革研究[J].教育理论与实践,2022(3).

学法，全面引入项目化教学、现场教学，采取理论与实训一体化教学的方式方法，将部分课堂“搬”进企业，依据专业实际增加学生实践、实训环节。

理论与实训一体化教学是将一门课的理论教学与实践教学结合在一起，它突破了理论课与实训课之间的界限，延伸了教学“空间”，使得教学的各个环节都相对集中。理论与实训一体化教学注重在理论中包含实践，在实践中融入道理，强调对学生实践能力和职业技能的训练。

（三）“纪录片创作”实践教学分析

实践教学是目前应用型高校教育的一个重要环节。在我们的许多课程中，实践教学都是重要的一部分，但在实际教学中，则往往会出现理论与实践相脱节的情况：要么理论知识与实践操作结合得不够紧密，仅把实践教学当作理论教学的补充验证；要么理论指导跟不上社会实际的需求，跟不上时代的发展变化；更有甚者，部分实践课程流于形式，实践教学空有教学之表，却没有具体指导之实。

就“纪录片创作”这门课程来说，它是面向广播电视编导、戏剧影视导演、戏剧影视文学、影视摄影与制作、影视导演等多个本科及专科专业的核心课程。该课程的知识体系建立在视听语言、影视摄影、影视剪辑、影视录音、采访等专修课程基础之上，要求学生对已有的知识体系进行综合运用，因此，该课程通常开设在大学第五、六学期。“纪录片创作”是一门实践性很强的专业核心课程，其实践教学占总课时的 1/3 以上，但在实际教学中我们发现，学生的实践很难与社会接轨，存在一些问题，诸如：学生的沟通、动手能力欠缺，社会阅历不丰富；学生对所学知识的综合运用能力不够；学生对选题的把握能力不足，认识深度不够；进入实践环节后，由于学生人数较多，教师分身乏术，整体的指导和把控不足；等等。因此，本课程的教学改革将以此为出发点，从培养模式、教学手段、实践渠道等多方面尝试进行探索，采取产教融合、理论与实训一体化的教学方法，力图对课程的实践教学模式进行一定程度的创新。

三、建构培养应用型传媒人才的实践教学体系

应用型本科院校以培养现代应用型人才为根本任务，“加强实践、突出应用”是应用型本科高校建设的重要目标。培养高素质应用型传媒人才，要求学生具备扎实的基础知识和专业知识，掌握突出的技能，要“坚持以社会需求为导向、以能力培养为本位、理论与实践相融合、课内课外相链接、学业与产业相对接为原则，形成多层次的实践教

学内容,构建‘知识+素质+能力’三位一体的应用型人才培养模式”[①]。

（一）实践教学目标符合新时代发展的要求

在“互联网+”时代的理论和实践教学中,我们经常会有这样的感受:一方面,现在学生接收新信息的速度令我们感到惊叹,他们所接触到的、所看到的往往是专业教师还没有来得及去深入思考研究的;另一方面,学生对这些新信息所表达出来的看法和思考角度也经常会让我们感到困惑甚至是忧虑。这就要求高校教师在面对这些问题时,能够理性甄别、沉着应对,及时纠正网络负面因素给学生带来的错误思想,时刻注重培养学生树立正确的世界观、人生观和价值观。高素质传媒人才的培养,需要适应当下传媒行业在数字化、网络化进程中的发展变化,以学生为主体,推动产教融合、校企合作,把实践教学贯穿于理论教学之中,以培养应用型全面发展的人才为目标,这也是我们在新文科建设背景下“创新型”实践教学改革的新模式。

（二）完善实践教学体系,更新实践教学内容

“实践教学体系是指学生通过实践训练,获得实际操作能力和创新能力的一种系统性教学。”[②]完善实践教学体系就是要求从课程总体规划到具体教学环节,再到教学效果后期评估,形成系统化、逻辑性的结构,整合课程所包含的知识点与知识单元,构建相互连接、层层递进的课程体系。

在理论与实训一体化教学改革中,教师需要把实践教学放在整体教学工作的首要位置,积极构建应用型创新人才培养的实践教学体系,培养学生的创新精神和解决问题的能力。在实际教学中,教师要设计出层次性、渐进性和可操作性的课程,并且要以实际的教学需求为依据,编制出一份实验大纲、一份实验教材、一份其他可以用于指导实践课程的材料;此外,教师还要根据传媒行业的特点及新媒体技术的发展,及时调整和拓展实践教学内容。无论是在课堂上还是实践基地的教学过程中,教师都要注重将理论与实践相结合,制订相应的教学计划,搭建更为全面、合理的课程结构,实现由教到学、由讲向导、由被动变主动的转化。[③]

1. 撰写理论与实训一体化教案

撰写理论与实训一体化教案是实施一体化教学的基础。教案应以传授实际技能

---

① 杨增和.地方高校传媒类专业实践教学体系构建研究[J].湖南科技学院院报,2018(12).

② 白非.校企协同实践教学体系:内涵、路径与关键问题[J].现代教育管理,2014(10).

③ 许志强. 新文科视域下应用型传媒人才的智能素养教育[J].传媒教育,2021(12/上).

和技巧为主，强调实际训练、实用性和效率。

2. 建立理论与实训一体化教学基地

理论与实训一体化教学需要保证在实践教学单位建立专门的场地或集中任务发布平台，根据各单位的不同特点，围绕他们的月度计划、季度计划和年度计划，规划不同的选题方向，制定多个实践教学任务，分配给各小组。①

3. 打造理论与实训一体化教师团队

实施融合教育的关键是拥有一支精通理论和实践的“融合教师”队伍，教师不仅要有丰富的理论经验以及合格的实践技能，还要懂得如何将其传授给学生。在培养、提升专业教师实践能力的同时，高校还可以邀请业界专家作为学生的实践导师，共同指导学生进行实际创作。

4. 建立理论与实训一体化管理机制

理论与实训一体化教学应以学生为主体，让学生在课堂和实践中“动”起来，积极与教师交流沟通，主动完成教师布置的各项内容。这就要求在整个教学过程中，教师应加强对学生的教育和管理，合理安排实训项目和时间，对各个环节都要进行有效把控，引导、监督学生完成教学任务。

5. 构建理论与实训一体化评价体系

在理论与实训一体化教学中，应用型人才培养计划应当与企业的需求深入融合，这就要求高校应建立具有层次性、连贯性、可行性的一体化评价反馈与督促机制，将过程评估和成果评估有机地结合起来，用“评估”促“改革”，加强考核成果应用。

（三）实践教学体系改革初显成效

应用型传媒人才的实践教学要适应传媒发展的变革，根据新时代社会发展对人才的不同需求，“整合校企双方资源，构建一个完整的、系统的校企协同实践教学体系，使实践教学过程得到行业和学科的双重支撑，使学生的实践能力在校企的良性‘共振’下得到培养”。②

目前，武汉传媒学院已经分别与武汉市残疾人联合会和中南国际旅游湖北有限责任公司建立了两个实训基地。两个实训基地的培养方式略有区别，各有特色，形成互补。

---

① 侯广旭．产教融合背景下新型实训基地建设[J]．中国培训，2021(2)．

② 张慧贤，布占伟．应用型本科高校产教融合模式下的课程改革实践[J]．河南农业(教育版)，2019(9)．

1. 武汉市残疾人联合会实训基地

武汉市残疾人联合会是中国残疾人联合会的地方代表组织，是一个公益性的服务组织。该实训基地的建立旨在让学生参与到公益助残项目的具体活动中，以立德树人为本，培养学生的人文素质、社会责任感以及合作能力。目前我们已经完成纪录片两部。其中，《一剪一江城》以写实的拍摄手法讲述汉派剪纸非遗传承人葛海的故事，展现了这名残疾人的坚强不屈和汉派剪纸的独特魅力；《践行初心 助残圆梦》反映了用心服务、矢志奋进的残联人风貌。同时，7 部反映在全社会的关爱下，残疾人自强不息、砥砺前行的感人故事的纪录片和 MV 也即将制作完成。

2. 中南国际旅游湖北有限责任公司实训基地

中南国际旅游湖北有限责任公司是一家老牌大型旅游企业。2023 年年初，武汉市提出了"旅游兴市"的发展目标，市民积压了三年的旅游欲望呈现"井喷"态势，中南国旅也希望重振辉煌。为了适应新的市场需求，中南国旅加强了新媒体运营，成立了抖音推广中心，重点在微信视频号、抖音、小红书、哔哩哔哩等平台上展开推广营销，因此，有了内容策划、短视频制作、新媒体运营等方面人才的需求。该实训基地的建立旨在让学生参与到中南国旅新媒体推广中心的建设中，在中南国旅专业人员的指导下，共同策划运营其新媒体项目，达到学以致用、锻炼实操能力的目的。目前学生们已经完成《清凉寨》《龙隐山》等多部短视频的策划制作。

这两个实训基地的建立，极大地鼓舞了学生们对"纪录片创作"课程的学习热情，激发了他们主动参与学习的欲望，锻炼了实际动手能力。与此同时，教师也很好地完成了教学目标。

四、通过实践教学体系改革构建产教深度融合新生态

高校通过聚合校企资源，推动实践教学平台建设，打通课堂与行业的"最后一公里"，构建了与企事业单位及行业发展相融合的应用型传媒人才培养路径。产教深度融合，理论与实训一体化，把纪录片理论内容融入实践创作中，形成了完善的实践教学体系。这一教育改革措施不仅拓宽了"纪录片创作"课程的广度、挖掘了课程的深度，同时也提升了课程的高度。该课程充分利用社会资源，建立适合学生的实训基地，把理论教学嵌入实践教学中，使理论教学与实践教学高度融合，不仅培养了学生对社会的认知，增强了学生的人文素养和社会责任感，同时也锻炼了学生的社会实践能力。

五、结语

产教融合是应用型本科高校建设的趋势，它能够打破理论课、试验课和实训课的界限，实现从课堂的合作教学到理论与实训一体化教学、从课内实践到实训基地、从校内教师的理论讲授到校外专业人士的具体指导、从校内思政课程的植入到深度融入社会的转变，从而进一步推动应用型传媒院校的建设。

（王雷，武汉传媒学院副教授）

“影视照明”课程实践教学探究

——以武汉传媒学院影视摄影与制作专业为例

Research on Practical Teaching of the Course“Film and Television Lighting”

—Taking the Film and Television Photography and Production Major of Wuhan Media University as an Example

◈ 刘阿男

Liu Anan

摘要:影视照明是影视制作中不可或缺的一环,其对于影视作品的质量和艺术效果的呈现都有着十分重要的影响。然而,目前国内对于影视照明的教学研究还较为薄弱。通过对现有文献的梳理和分析,笔者认为影视照明实践教学的核心应该是“理论与实践相结合”。本文以武汉传媒学院电影与电视学院影视摄影与制作专业为例,紧密结合实际影视制作,从影视照明技术的背景、“影视照明”课程的现状、实践教学路径以及实践教学改革创新四个方面进行分析,以期能够制定出更加完善的“影视照明”课程实践教学方案,建设高质量的影视专业课程。

Abstract:Film and television lighting is an indispensable part of film and television production,which has a significant impact on the quality and artistic effect of film and television works. However,currently,the teaching research on film and television lighting in China is still relatively weak. Through sorting and analyzing existing literature,it is found that the core of film and television lighting practical teaching should be the combination of theory and practice. This article takes the Film and Television Photography and Production major of the School of Film and Television at Wuhan Media University as an example,closely combining with actual film and television production. It analyzes from three aspects:the development of film and television lighting technology,the current situation of film and television lighting,and the practical research teaching and curriculum reform of film and television lighting courses. Based on work experience,relevant solutions are proposed and summarized,in order to better combine their own characteristics, develop a more comprehensive practical teaching plan for film and television lighting, and take the path of high-quality development.

关键词：影视照明；照明技术；实践教学

Keywords: Film and television lighting, Lighting technology, Practical teaching

一、影视照明技术的发展背景

影视照明技术是影视创作中至关重要的一环，它的发展与进步直接关系到影视作品的质量和观感效果。说起影视照明实践教学研究，可以追溯至19世纪30年代电影产业的起源。在早期的电影中，由于照明技术的限制，电影画面显得暗淡无光，给观众带来不适的感觉。随着电影行业的发展，照明技术也开始不断改进（比如，从最初的白炽灯到后来的氙气灯、钨丝灯、LED灯等），技术的升级让电影画面变得更加细腻、明亮。然而，现代的影视照明技术已经不仅仅是“点亮灯光”那么简单，而是通过各种照明设备的组合和搭配（如柔光灯、反光板、色温滤光片、电影特效灯等），营造出不同的氛围和场景，产生不同的画面效果，从而给观众视觉上带来不同的情绪和感受。

二、“影视照明”课程的教学现状

（一）“影视照明”课程的历史及发展意义

“影视照明”课程是影视艺术专业的一门必修课程，同时也是武汉传媒学院的重点专业课程。课程开设初期曾被命名为“灯光技术”或“影视灯光”，随着影视行业的发展和学校专业及课程体系的改革，2018年新版人才培养方案实施以后，该课程正式更名为“影视照明”，并发展成为影视摄影与制作专业非常重要的一门专业必修课程。

在当前新媒体环境下，影视照明的发展与进步直接关系到影视作品的质量和观感效果。现代影视产业的发展不仅对影视照明技术要求越来越高，而且对照明师和技术人员的需求也越来越大。同时，数字化技术的普及也为影视照明技术的发展提供了更多的机遇，例如在虚拟拍摄和后期制作中，影视照明技术可以与数字化技术相结合，创造更为逼真的影视效果。[①]

(二)"影视照明"课程实践教学面临的挑战

当前,"影视照明"课程在实践教学中仍面临着一些挑战。比如,学生缺乏学习主动性,容易形成惯性思维,学习过程较为松散,类似于"放养",难以形成具备强烈内驱力的自主学习模式;学生的作品设计较为死板,缺少灵动性,没能体现当前时代背景下大学生的精神风貌;影视照明技术设备陈旧,更新需要投入较大,如购买高质量的LED灯源、自动化照明系统及智能化照明设备等,对于学院和教师来说,可能不太容易实现;影视照明技术往往需要与其他技术领域相结合,如特效、音效、后期制作、摄影摄像等,在多任务堆积下,学生不能投入全部精力完成教学任务,学生的职业素养有待提高。

三、"影视照明"课程的实践教学路径

影视照明在影视制作中扮演着非常重要的角色,它不仅能够影响影片的氛围和情绪,还能够增强角色的表现力,突出影片的主题和风格。在实践研究方面,影视照明技术的应用需要考虑到不同的拍摄环境、场景和剧情,因此需要进行充分的实操与理论研究以及创新改革。

(一)前期导入,激发学生的学习主动性

学生在正式学习"影视照明"前,通常会认为,照明师就是开关灯的那个人。而在以往的教学中,第一堂课也都会以讲解光学基础理论知识开启大家对于影视照明的认知。那么在整个学习过程中,学生有可能会在第一节课就陷入这种认知中,思维受到禁锢。

在实践教学改革研究中,我们可以将课程内容进行重组,直接导入教师亲自参与创作的完整作品,讲述拍摄过程中的趣事,完成对理论知识的讲解,这样不仅可以激发学生的学习兴趣,同时也能让学生了解到照明师的工作职责及与其他职位配合协作的重要性,进而产生学习主动性。

(二)尝试新的技术和手法,培养学生的学习兴趣

"影视照明"是一门实践性很强的课程。结合武汉传媒学院影视摄影与制作专业

---

① 毛羽.中国电影业的体制改革与发展趋势[R]//江蓝生,谢绳武.文化蓝皮书2001~2002年:中国文化产业发展报告.北京:社会科学文献出版社,2002.

学生的特点，我们开启了多元化的教学模式，从多个维度培养他们对于“影视照明”课程的学习兴趣。例如：在教室内布光，学生们一起动手用黑色胶带把教室窗户封住，挡住光线，把教室布置成一个大大的暗箱，这样的实践操作不仅加深了学生们对于光学原理的认识，同时也提高了他们的动手能力与协作能力。

（三）校企合作教学

影视照明技术的发展和实践研究是一个不断迭代、不断创新的过程。从目前的发展趋势来看，校企合作教学是未来传媒教育的发展方向。“影视照明”课程也要紧跟时代的步伐，不断更新教学方法，开拓影视创作新领域，保证学生能够适应社会的发展和市场的需求。

四、“影视照明”课程实践教学的改革创新

（一）多学科联合教学

在影视制作中，影视照明能够对影片的视觉效果产生非常大的影响。照明艺术可以通过灯光的颜色、明暗度、方向、角度等多种手段来表现情感、氛围等，从而达到强化叙事的目的。但是，仅仅依靠照明是远远不够的，一部完整的艺术作品需要各个专业倾力合作，才能实现画面的最佳效果。

武汉传媒学院作为中南地区唯一的传媒类本科高校，具有多学科融合、全方位覆盖的优势。随着市场对传媒类学生的要求越来越高，多学科联合教学成为实践课程改革探索和研究的方向。学院开启了双课程联动，如开设“影视照明”课程前要求学生完成“视听语言”课程；还有多课程联动，如“影视照明”课程与“影视摄影”“影视化妆”课程联合教学。多学科联合教学不仅加强了不同专业教师之间的交流合作，拓宽了教师们的思维广度，也提升了学生们的学习热情。

（二）将职业素养融入教学实践

在“影视照明”课程实践教学中，教师需要为学生树立一种追求完美、专注于细节和工艺品质的态度和价值观。将职业素养融入教学实践，不仅可以培养学生注重细节和品质的态度，也可以增进师生之间的情感，进而为学生今后的职业发展奠定基础。

（刘阿男，武汉传媒学院讲师）

线上线下混合式教学模式在影视制作类课程中的实践与探索

Practice and Exploration of "Online-to-offline" Blended Learning Mode in Film Production Courses

◈ 宋博雅

Song Boya

摘要:为了解决影视制作类课程在传统教学中存在的师生主体错位、学生学习不牢固、对教师过于依赖等问题,本文以"影视特效设计与制作"课程为例,梳理分析线上线下混合式教学模式的实现路径与优势。实证研究表明,线上线下混合式教学模式的应用能够有效提升教学质量,增强学生的学习效果,为教学目标的达成和人才培养的实现提供了有力支撑。

Abstract: In order to solve the problems faced by the traditional teaching methods of film production courses, such as the dislocation of teachers and students, the students weak learning and over-dependence on teachers. This paper takes the course of "Design and Production of Effects" as the main research object, analyzes the content and advantages of "online-to-offline" blended learning mode by combing the concrete arrangement and assessment methods of the course in the reform process. The empirical study shows that the application of blended teaching mode can effectively improve the quality of teaching, enhance the learning effect of students, and provide strong support for the achievement of teaching objectives and the realization of talent cultivation.

关键词:影视制作课程;混合式教学;教学改革

Keywords: Film Production Courses, Blended Teaching, Teaching Reform

随着互联网的不断发展与5G网络的兴起,在线视频以其生动、形象的呈现形式,成为内容分享的主渠道。2023 年 3 月 2 日，中国互联网络信息中心发布了第 51 次《中国互联网络发展状况统计报告》(以下简称《报告》)。《报告》显示，2018 年至 2022 年五年间，短视频用户规模从 6.48 亿增长至 10.12 亿；用户使用率从 78.2%增长至 94.8%。[①] 在此背景下，除了传统媒体外，新媒体对传媒人才的需求也在逐步增长。

武汉传媒学院新闻传播学院的网络与新媒体专业、广播电视学专业、融合媒体基地班等都开设了影视制作类相关课程。以“影视特效设计与制作”为例，作为一门必修课，该课程在新闻传播课程体系中占有十分重要的地位。传统的线下课堂教学往往是以教师为主导，学生按照教师的讲解来进行操作。其优势在于教师与学生的互动性较强，教师能面对面地对学生进行指导。但同时，这种教学方式也容易让学生对教师产生过度依赖，学生几乎无法独立完成作品，很难实现既定的教学目标。因此，发展线上课堂就成为高校教学改革的必然。在此本文将引入“以学为中心”的教学理念，介绍线上线下混合式教学模式在影视制作类课程中的运用与实践。

一、影视制作类课程教学存在的主要问题

(一)传统课堂主体错位问题

在传统的课堂教学中，教师往往占据着主体地位，对学生进行半灌输式的教育。这种教学方式虽然保证了教师的主导地位，教师对课堂进行全面把控，但是由于学生的学习基础与学习能力各不相同，教师无法同时兼顾所有学生，学习效果就会参差不齐。另外，这种教学模式的存在也在一定程度上抑制了学生的创造力，降低了学生的学习兴趣，导致学生的自主学习能力较差。

(二)学生课堂内容容易遗忘的问题

影视制作类课程一般涉及的内容较多，内容与内容之间的联系也不够紧密，这就导致学生仅仅通过课堂教学难以对课堂内容有非常好的理解。在传统教学中，学生在课堂上只掌握了基本的理论知识和较为简单的操作过程，很难将课堂上所学到的内容在头脑中形成一个完整的体系，课后也容易遗忘，因此解决学生对课堂内容的灵活掌握及运用问题就成为课堂教学的关键。

---

① 第 51 次《中国互联网络发展状况统计报告》：互联网为数字经济添活力、增动力、聚潜力[R/OL].(2023-03-14)[2023-03-26]. http://www.szzg.gov.cn/2022/xwzx/fhzx/202303/t20230314_6130787.htm.

(三)学生对教师的过度依赖问题

传统的影视制作类课程教学可以概括为“教师示范,学生跟着操作”,学生在此过程中表现出对教师的高度依赖。当遇到项目案例需要学生独立完成时,学生因为缺乏独立解决问题的能力而无法将课堂所学内容灵活地运用到作品中。学生自主学习、独立思考问题的能力较为薄弱。

二、线上线下混合式教学模式的特点

线上线下混合式教学模式的主要特点在于教师能够为学生提供丰富的线上教程、课件、资料以及互动渠道,学生能够自主安排学习的时间、地点、进度、频率,而且教师与学生能够随时通过网络进行交流,网络上的海量信息不仅拓宽了学生的视野,延展了线下课堂的教学内容,而且提升了课堂的教学效率。

三、线上线下混合式教学模式在影视制作类课程改革中的实践

本文以“影视特效设计与制作”课程为例,展示如何运用学习通、慕课等多种方式进行信息化教学设计。具体实施过程如下:

(一)制订详细的教学计划

1.课前有效引导

在课前准备阶段,教师和学生分别有各自的任务。教师需要按照课程大纲和课程目标制定本节课的教学目标,为学生整理出明确的课程任务计划表,其中包括:学习目标、课堂重点、课堂难点、线上课程章节、相关拓展学习资源等。在此期间,学生可自主学习教师上传的课程视频,对疑难知识点反复观看学习,带着问题进入下一阶段。

学生在观看视频的过程中也可以跟随教学步骤动手操作(见图1和图2)。如遇到疑难问题,学生则可以随时与教师进行沟通解决。在此过程中,教师能够及时了解学生对教学内容的学习情况,侧面考查出学生的知识水平、学习背景等,为课堂学习做准备。

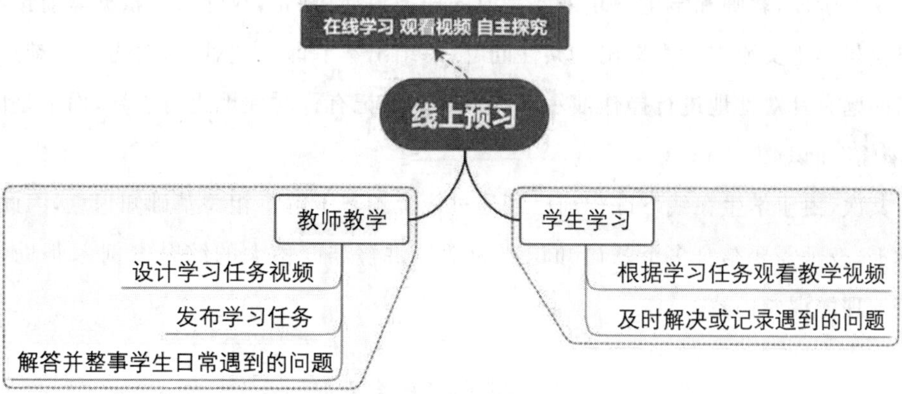

图 1 线上预习

2.1 图层的基本属性与常用快捷键	视频	2021-11-23	316.54MB
2.2 关键帧与关键帧动画	视频	2021-11-23	285.19MB
2.3 移动属性关键帧动画	视频	2021-11-23	426.56MB
2.4 旋转属性关键帧动画	视频	2021-11-24	499.98MB

图 2 线上慕课

2.课堂互动学习

这一阶段的学习在课堂上进行,教师与学生可以面对面直接进行沟通。教师需要结合授课目的与教学方法合理安排课堂活动内容,根据学生线上课程的学习情况,引导学生进一步深入学习,让学生作为教学活动的主体主动参与到教学活动中,充分调动学生学习的积极性(见图 3 和图 4)。

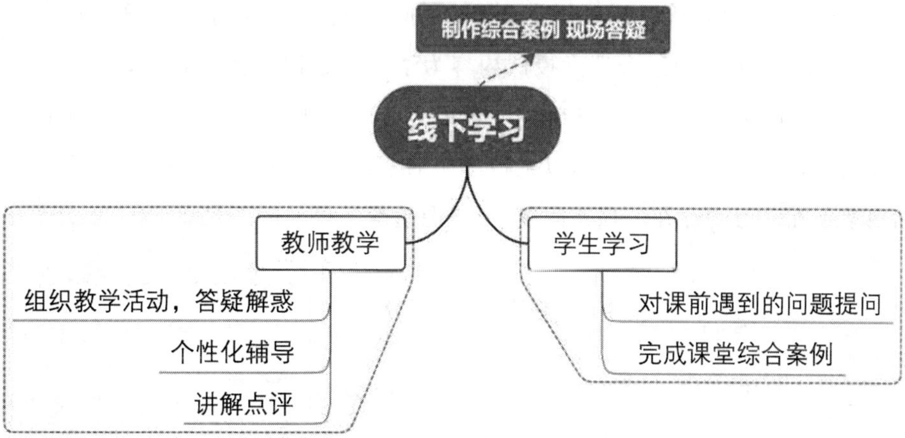

图 3 线下学习

这一阶段，教师和学生各自需要完成的任务包括：首先，教师需要根据课前预习情况以及与学生交流中学生提出的共性问题，总结出本节课的重难点，对这些重难点、知识点问题有针对性地进行操作演示。教师时刻谨记有针对性地进行引导，而不是向学生"灌输"知识。

其次，由于学生在线下课程前已经通过线上预习了解了相关基础知识点，因此，在课堂上，教师需要结合多个基础知识点为学生讲解难度稍大的综合案例[①]，帮助学生更好地理解课堂内容。

图 4 任务中融入多个相关知识点

最后，学生向教师展示自己的作品，教师有针对性地给出建议与指导，学生根据建议进一步完善作品。

3.课后巩固学习成果

在结束线下课程后，教师和学生都需要根据课堂上的实际学习情况对教学内容进行反思(见图 5)，教师应结合课堂授课内容为学生布置课后拓展任务，学生需要完成课后任务并及时地复习与巩固所学到的知识。另外，教师需要对学生完成的作业进行查阅和点评，鼓励学生及时修正，以维持学生对后续课程的学习兴趣。教师也能够借此发现学生在学习中存在的遗留问题，改进课堂教学设计的不足。

① 杨凡，任丹.基于翻转课堂的混合式教学模式在"网页设计"课程中的应用[J].网络安全技术与应用，2021(9).

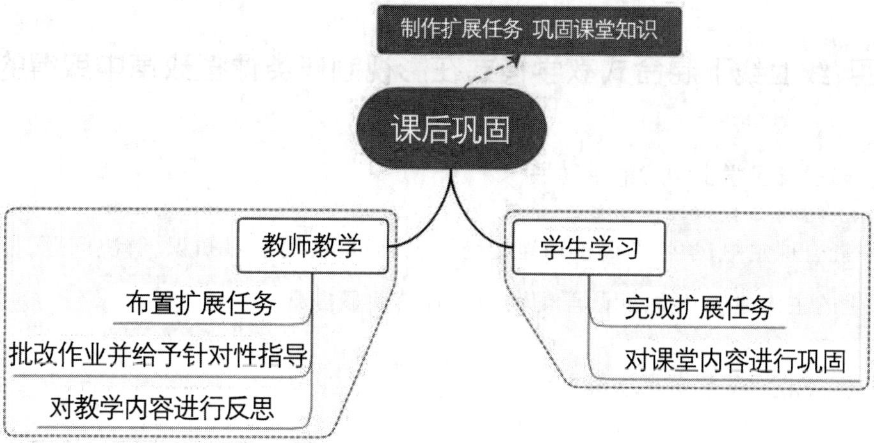

图 5 课后巩固

(二)增加多元化的考核标准

学生的成绩考核包括平时考核和期末考核(各占一半),主要采用过程性考核和赛考融合两种考核方式。

1.过程性考核

过程性考核主要考核的是学生的平时表现,如学生的出勤率、在线学习的时间、作业的完成程度、学习态度等。过程性考核不但能够考查学生的学习态度和学习能力,还能够帮助教师及时发现与解决教学中的问题,随时调整教学计划,改进教学方法,确保教学任务的顺利完成。

2.赛考融合式考核

赛考融合指的是将专业技能竞赛与教学考核进行结合,力求达成"以赛促教、以赛促学"的目标①。

在整个考核过程中,学生需要按照竞赛要求进行组队、策划、选题绘制分镜头、制作动画、剪辑以及完善最后的作品等相关流程,教师应全程参与其中,为学生提供各方面的指导。在作品评价指标方面,按照行业企业制定的设计规范,对动画节奏、视觉表现力、画面色彩风格、渲染格式等制定了1—10分的量化标准。这种量化考核方法能够客观地体现学生的作品水平,不仅激发了学生的创作积极性,同时也

① 崔小娟.基于赛教融合的影视广告制作课程思政教学探微[J].西部广播电视,2022,43(17).

提高了学生的职业素养。

四、线上线下混合式教学模式在影视制作类课程改革中取得的成效

(一)提升了学生学习的主动性

在混合课堂中,学生不再被动地接受知识,而是主动学习知识、解决问题、搜集资料,学生的主体地位日益凸显,学习的自主性有明显提升。

(二)锻炼了学生解决问题的能力

在影视制作类课程中,软件操作学习占有较大比例,以往学生在课后容易遗忘在课堂上学到的软件操作步骤,如果课后遇到问题不能得到及时解决则会打击学生的兴趣与自信。通过线上线下混合式教学,一方面,学生可以随时通过网络回看课堂内容,能够锻炼自主解决问题的能力;另一方面,教师也能够在课后及时与学生交流、解答学生的疑问。

(三)强化了学生的软件综合运用能力

与传统课堂相比,混合课堂融合了线上信息化课堂,在教学内容上更加丰富。教师结合线上信息化课堂内容,为学生布置包含多方面知识点的综合性模块化任务,学生在完成任务的过程中,熟练地掌握了软件中的各项功能,强化了软件综合运用能力。

(四)培养了学生的独立创作能力

通过线上线下混合式教学,学生独立创作的能力得到显著提高,作品获得了多项国内大奖(见图 6 至图 10)。

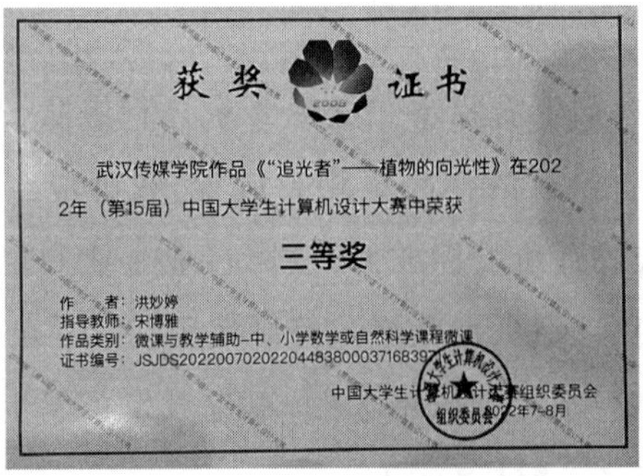
获奖证书

武汉传媒学院作品《"追光者"——植物的向光性》在2022年(第15届)中国大学生计算机设计大赛中荣获

三等奖

作　　者:洪妙婷
指导教师:宋博雅
作品类别:微课与教学辅助-中、小学数学或自然科学课程微课
证书编号:JSJDS20220070202204483800037168397

中国大学生计算机设计大赛组织委员会
2022年7-8月

图 6　学生作品获得第 15 届中国计算机设计大赛三等奖

图 7　学生作品《中国基建》

图 8　学生作品《保护野生动物》

图 9　学生作品《诗词〈黄鹤楼送孟浩然之广陵〉赏析》

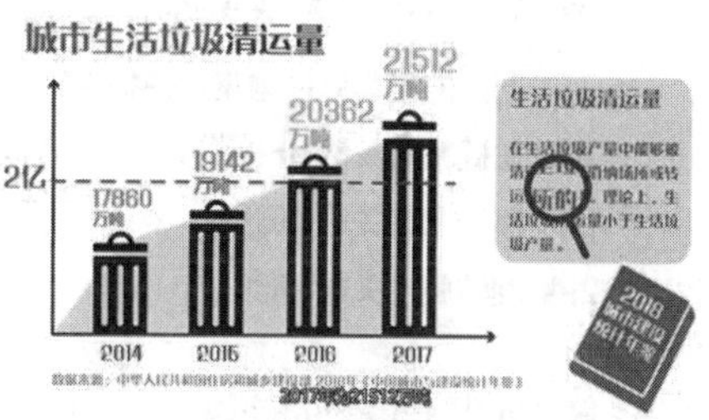

图 10　学生作品《保护城市环境》

五、教学总结与反思

(一)教学总结

课程研究组于 2022 年在新闻传播学院 2000 级广播电视学专业本科课程“影视特效设计与制作”中正式采用了线上线下混合式教学。发布任务点 36 个，学生线上课程完播率达到 100%；单个班级学生学习次数达到 3600 多次，人均学习次数 100 余次；课堂签到率达到 97%(见图 11 和图 12)。学生在结课作业中表现优异，并在比赛中多次获奖，平均得分 85 分，圆满实现了教学目标。

从学生对课程的教学评价来看，其中，81 位学生有效参与评教，最终学生评教分数为 92.48，这一分数在该学期全院课程学生评教分数评比中名列前茅。

从学生对课程的教学评价内容来看，绝大多数学生认为课堂内容充实，重点突出，例证得当，难度适宜，重难点解释清楚；还有学生认为课堂知识结构明晰，案例设置合理，通过课堂得到了一定的收获(见图 13 和图 14)。

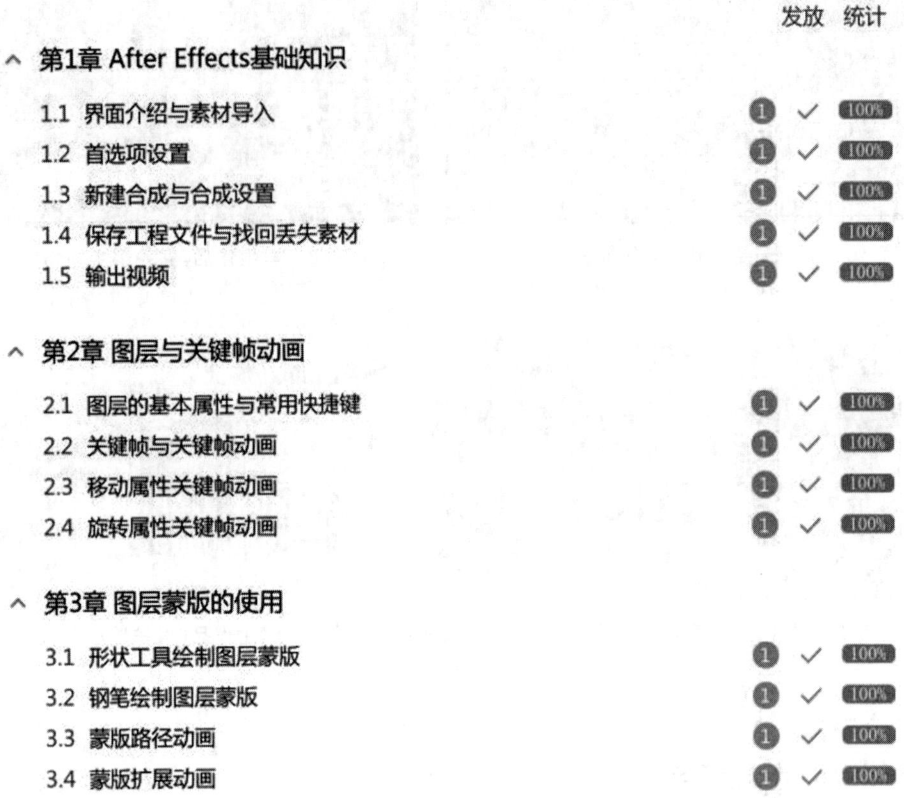

图 11　部分线上课程发放与播放统计

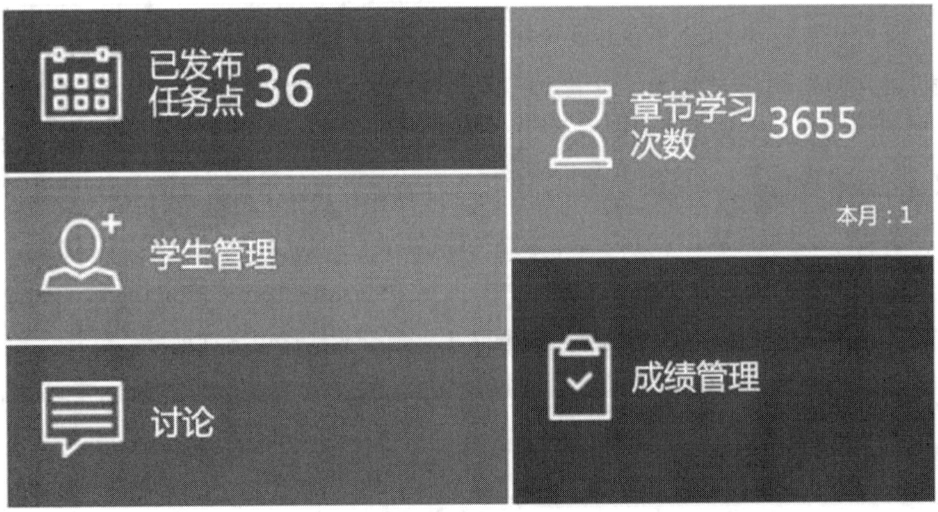

图 12　单个班级学生学习次数

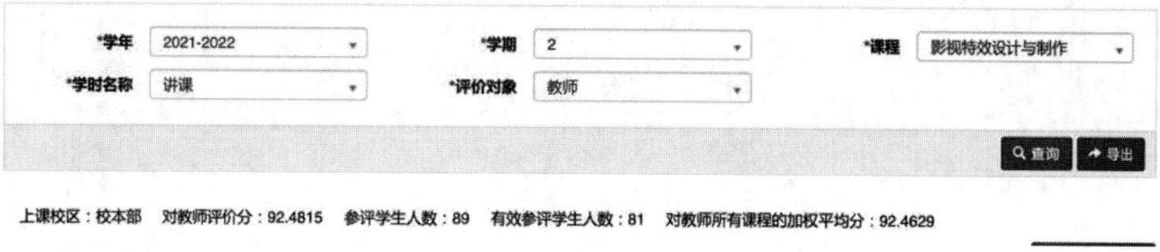

图 13 学生对课程的教学评价

序号	评语
16	老师对待教学认真负责，耐心解答同学们的疑惑，课堂上语言生动条理清晰，非常有耐心！
17	老师上课认真负责，课后积极为同学解决问题，消息看到了会秒回，遇到不懂问题会讲解，很喜欢老师。
18	宋老师的教学能力真的很好，和宋老师学到了很多东西
19	内容特别有用
20	老师讲课逻辑清晰 在有限的课程时间里，覆盖了各个案例内容，由浅及深 有利于我们理解
21	该老师认真负责
22	老师很好，非常可爱，好喜欢
23	总是能够在课堂上观察，能够耐心地解答我的问题，最后交作业的时间也人性化 喜欢
24	讲解的很详细
25	老师的教学是以例子来引导我们的，非常的清晰明了，而且课程很吸引我，让我有兴趣去主动完成作业
26	老师示范操作准确，熟练，规范，步骤清晰，注意事项明确
27	老师很温柔，很着重同学的想法，我们都很喜欢她
28	老师讲得很好，很认真 留给我们足够多的时间做作业。作业也认真批改。
29	宋老师教学认真，对学生负责非常好，人也很温柔。

图 14 学生自主评价内容

（二）教学反思

线上线下混合式教学充分利用了网络平台跨越时空局限的优势，突破了学生学习的时空局限性，让教师与学生能够及时互动沟通，有效地解决了影视后期类传统课堂中主体错位、学生对教师过于依赖以及学习成效不稳固等问题。这一教学模式能够显著提高教学质量和教学效果，符合现代教育技术的发展思想和发展趋势。同时，该教学模式的研究成果也可以推广至其他同类型的课程教学中，为其他一线教师的教学提供一定的参考。

（宋博雅，武汉传媒学院讲师）

传媒思考

5G背景下的"Vlog＋时政新闻"报道模式优化研究

Research on the Optimization of "Vlog＋ Political News" Reporting Mode under the Background of 5G

◈ 杨慧霞

Yang Huixia

摘要：Vlog生活化的叙事方式，减少了时政新闻的权威压迫感，吸引了大量用户尤其是年轻用户对时政新闻的关注。但"Vlog＋时政新闻"作品大多仍停留在"浅层阅读"，同质化现象十分严重。为了解决这一问题，"Vlog＋时政新闻"需要将私人性质的日志视频与严肃的时政新闻内容巧妙结合，尝试重大社会议题的报道，精心设计报道结构模式，轻悦化讲述风格，优化舆论引导方式，打造个性品牌。在5G的加持下，"Vlog＋时政新闻"在未来有着广阔的发展前景。

Abstract: The narrative mode of Vlog in life reduces the sense of authoritative oppression of political news and attracts the attention of a large number of users, especially young users. However, most of the works of "Vlog＋political news" remain superficial reading, which is causing serious homogenization. Therefore, "Vlog＋political news" needs to skillfully combine private log videos with serious political news content, try to report major social issues, carefully design the structure of the report, make the telling style light, optimize the way of public opinion guidance, and create a personality brand. With the support of 5G, "Vlog＋political news" will have a broad development prospect in the future.

关键词：5G；Vlog＋时政新闻；报道模式

Keywords: 5G; Vlog＋political news; Reporting mode

Vlog即视频博客，创作者通过拍摄视频记录生活。2018年，Vlog进入中国，并迅速成为年轻人喜爱的个性表达方式。近年来,Vlog开始进入新闻报道尤其是时政新闻报道领域,记者或主持人拍摄自己参与报道的过程,向受众传递新闻信息。时政新闻类的Vlog,叙事风格轻松活泼,让一贯严肃的时政新闻变得接地气,消弭了受众与时政新闻之间的距离。2019年全国两会期间,《中国日报》尝试把当时在国外开始流行的Vlog与时政新闻报道结合在一起,经过一段时间的试验,推出了《Vlog:小姐姐的两会初体验》系列视频,并一举获得第30届中国新闻奖媒体融合奖项短视频专题报道三等奖。在此后几年的全国两会报道中,各大媒体纷纷推出Vlog相关报道,例如2023年全国两会期间,新华日报就推出了"两会Vlog"专题报道等。

一、"Vlog+时政新闻"的相关研究

目前,该领域的研究主要围绕Vlog在新闻报道中的运用展开,多以历年全国两会报道以及2019年中央电视台"康辉的Vlog"报道为例。有学者认为:接地气的台词和叙事脉络解构了"两会"这一严肃议题,符合网民的话语习惯和阅读习惯(曹晚红、武梦瑶,2019);Vlog打破了传统教化式的传播模式,实现了民间化的交流,以人为主要内容,注重人格化和网感化,能够收获年轻群体的喜好(曾祥敏、刘思琦、唐雯,2019)。有研究指出,Vlog使得信息主体内容的篇幅缩小,产生"失焦"。因而在未来Vlog的发展中,时政信息的篇幅将会适当增加,如何把Vlog中新闻报道的内容和吸引受众更好结合,将会是新闻从业者探索的重要方向(王喆,2020)。也有学者展望了5G时代Vlog的发展,5G将会进一步打破传播速度和资费这两个制约短视频传播的瓶颈,使Vlog在5G时代得到更多拥趸(胡志刚、夏梦迪,2020)。

总体而言,该领域目前主要的研究主题涉及Vlog报道的意义、特点、应用等,普遍认为"Vlog+时政新闻"既有优点,也存在弊端,并指出了一些解决问题的方向。但关于如何克服问题的具体路径研究则相对较少。2020年以来学界出现了一些关于Vlog新闻报道模式的研究,研究内容还比较笼统,而Vlog深度社会议题叙事方式的研究还未展开。"Vlog+时政新闻"的实践刚刚开始,随着5G时代的到来,未来这一领域将会有更大的发展空间。

二、"Vlog+时政新闻"的优势

"Vlog+时政新闻"将日常平易的生活叙事与严谨的时政新闻报道相结合,重构了新闻报道的样式,给用户带来了别样的体验。

(一)提供“沉浸式”体验

在“Vlog+时政新闻”报道中,用户不仅可以看到新闻现场,而且可以进入媒体工作人员的工作场景,了解报道是如何准备的,又是如何实现的,这些内容是在其他报道形式中很难获取的。“时政类主题事件中的 Vlog 是以 Vlogger 的第一视角,从记者自身角度和亲身体验观察整个事件并同时进行叙述,实现受众的‘心理在场’,营造出一种沉浸感和在场感。”① Vlogger 生活浸润式的表达带有人情味和亲和力,让受众可以全方位介入新闻事件,收获了不同于以往的新奇体验。

(二)报道具有社交化特征

社交化是新闻报道在融媒体时代的重要特征,时政新闻采用 Vlog 的呈现方式,打破了固有的“仪式化传播”,“我”的第一人称表达使报道具有生活化和社交化的特征。“‘Vlog+新闻’叙事元素的去‘权威化、精致化、专业化’的方式,使受众个体的私人情景更可能融入公共情境,使本来严肃专业的新闻内容被网络化、个性化的表达方式包装后,为受众增添了熟悉感和临场化体验,从而形成了良好的双向社会互动,更助力了视频内容的传播力度。”②在“Vlog+时政新闻”中,记者以近景方式直面镜头,给受众带来一种“我在对你说”的感觉,营造了人际交往的氛围,拉近了与受众的心理距离,具有社交化的特征。

(三)消解了时政新闻报道的刻板与严肃

传统的时政新闻报道严肃有余、活泼不足,给受众造成了一定的心理压迫感。相比而言,“Vlog+时政新闻”具有更为明显的故事化表达倾向,减少了传统时政新闻报道的权威压迫感。在传统的时政新闻报道中,主持人和记者分处于演播间和直播现场两个不同的空间,二人之间有着较强的距离感。而在“Vlog+时政新闻”中,记者直接以第一人称、第一视角切入报道,很好地消解了时政新闻报道的刻板与严肃。

(四)提供价值和情感的双重认同

Vlog 本来就是年轻人喜欢的一种表达方式。在“Vlog+时政新闻”中,记者的报道语言轻松、活泼而富有个性,背景音乐节奏欢快,加之炫酷的转场、幽默的表情包,使

① 王喆. Vlog 在时政类重大主题报道中的特征及未来走向[J]. 东南传播,2019(7):48.
② 尹冠琳.“Vlog+新闻”在主流话语传播中的特征分析[J]. 新媒体研究,2020(10):8.

得“Vlog+时政新闻”的网感和潮流感十足，很受年轻人的喜爱和追捧。但在轻松和潮流的背后，“Vlog+时政新闻”也展示了国家的发展变化以及新闻行业的艰辛，无形中提高了新闻报道的引导力和影响力。“Vlog+时政新闻”使受众获得了对时政新闻的价值与情感的双重认同，提升了年轻人对时政新闻的关注度，时政新闻也从年轻受众群体心目中的“边缘内容”转变为“中心内容”。

三、“Vlog+时政新闻”的短板

“Vlog+时政新闻”将用于个人生活展示的 Vlog 用于时政新闻报道，创新了时政新闻报道的形式，成功地吸引了一批年轻受众。但另一方面，“Vlog+时政新闻”的年轻受众群体对于记者个人的关注高于对时政新闻本身的关注，很明显，他们更倾向于围观新闻的花絮，反而忽略了核心议题，这样很可能导致时政新闻的软化、舆论引导的弱化。同时 Vlog 的内容多为碎片化或流水账式的个人日志，被不停模仿后就会失去新意。这些都是“Vlog+时政新闻”的短板，也说明“Vlog+时政新闻”的报道模式需要优化。

(一)过度追求娱乐化，形式重于内容

Vlog 作为轻量型的娱乐化短视频，往往以追求点击量为目的，“Vlog+时政新闻”的年轻受众群体对于记者个人的关注高于对时政新闻本身的关注。例如中国日报的《Vlog:小姐姐的两会初体验》，受众对记者小彭的关注明显高于对新闻事件本身的关注。此外，受众浏览“Vlog+时政新闻”时大部分属于“浅层阅读”，更多的是个人感性认知，难以体会到深层次的新闻内容及其社会影响。新闻泛娱乐化，不仅消解了新闻本身的价值，也导致了严肃的政治新闻软化、舆论引导效果弱化的问题。

(二)内容多为碎片化或流水账式的个人日志，同质化现象严重

用 Vlog 的形式报道时政新闻，短时间内会让受众觉得很新鲜，带来一定的热度，但流水账式的记录容易被模仿，导致同质化现象严重，用户很快就会出现审美疲劳。因此，“Vlog+时政新闻”在拍摄和讲述方式上要进行精耕细作，体现个性和独有的风格。

(三)缺失深度社会议题的叙事方式

目前，“Vlog+时政新闻”主要用于动态时政新闻的报道，吸引了很多受众尤其是

年轻群体的关注。但除了动态时政新闻外，还有很多重大社会议题的报道，“Vlog＋时政新闻”在这方面有所缺失。

(四)高昂的人力、物力和时间成本

一个高品质的“Vlog＋时政新闻”短视频的生产过程包括前期的选题、策划，中期的拍摄以及后期的剪辑包装等，需要投入较多的人力、物力和时间成本，这与新闻时效之间必然产生矛盾，因此，“Vlog＋时政新闻”需要平衡 Vlog 内容质量与新闻时效之间的关系。

四、“Vlog＋时政新闻”报道模式的优化

(一)记者私人性质的日志视频与严肃时政新闻内容巧妙结合

对于“Vlog＋时政新闻”来说，Vlog 只是形式，时政信息才是内容，形式要为内容服务，而且二者必须巧妙融合。“Vlog＋时政新闻”的报道内容不能仅仅局限于介绍记者幕后工作、一些会议的安排以及现场氛围等，还可以将记者的视频工作日志与会议内容相结合，以“我”的视角巧妙解读会议内容以及相关政策等。2023 年全国两会报道中，新华社延续往年的两会 Vlog 报道推出了“张扬两会观察”，拍摄形式以及讲述的话语体系仍然是 Vlog 的风格，但报道重点已经从前几年的幕后花絮向会议核心内容转移，这是“Vlog＋时政新闻”的一大突破。

(二)叙事结构以及讲述风格的优化

一方面，“Vlog＋时政新闻”属于新闻报道的一种，因此在叙事结构上，仍然遵循了新闻报道的模式；另一方面，以 Vlog 的形式报道新闻应该经过精心设计且富有创意的，不能简单重复或者随意摆拍，需要体现媒体人的专业性。例如，对 Vlog 的片头进行包装，主体部分场景的展示顺序应符合一定的逻辑，实现一些特别的转场效果等。此外，“Vlog＋时政新闻”应在传统电视新闻现场报道的基础上进行优化，不能外壳是 Vlog，内里仍然是出镜报道；语言应轻松诙谐，避免字正腔圆、落入俗套；同时，视频中也可以添加轻松活泼的背景音乐、大字幕、表情包等网络视听语言元素，使整体叙事风格轻松明快，实现时政新闻信息轻悦化传播。当然“Vlog＋时政新闻”也要根据报道内容有所区别，不可一味追求网红式叙事风格。应时刻谨记“内容为王”，不能舍本逐末，过度娱乐化。

(三)探索Vlog报道重大社会议题的叙事方式

Vlog主要用于报道动态时政新闻,与此同时,“Vlog+时政新闻”也应该探索重大社会议题报道的叙事方式。“如何把硬核时政新闻、主流价值与网感语言、个体化表达、社交形态结合起来,不得不说是一种挑战,而在网络文化与时政报道的融合中,不能只是简单的形态模仿,网络文化观念及内在逻辑才是其触发多次传播的真正动因。”[①]“Vlog+时政新闻”除了报道一些会议、活动的动态外,还应探索重大社会议题的报道,将国家相关政策、社会的整体发展等重要信息融入记者的自拍中,让“Vlog+时政新闻”兼有娱乐幽默的“外形”和深刻思想的“内核”。“一方面,要在Vlog内容中增加时政信息的篇幅,可以是Vlogger本人对于新闻事件的描述与表达,直接传递信息,可以是Vlog中对相关对象的采访,间接传递信息;另一方面,可在Vlog视频评论区增加相关报道链接,引导受众点击打开Vlog中提及的相关报道的严肃内容链接,增强融媒体意识,拓宽新闻传播渠道,提升新闻到达率。”[②]

(四)“Vlog+时政新闻”舆论引导方式的优化

“Vlog+时政新闻”不仅要传递时政信息,还要进行舆论引导,记者要在轻松的自媒体报道活动中完成价值导向的输出。用Vlog引导舆论,应该是春风化雨,不能过于刻意。“Vlog+时政新闻”不仅要把握内容的精准,更要注重传播的时间点,找准发声时机,发挥舆论引导力,从而达成良好的传播效果。

(五)将UGC(用户生成内容)纳入“Vlog+时政新闻”生产体系

“Vlog+时政新闻”的叙述主体不一定是记者,也可以是参会人员、会务人员以及普通受众。媒体可以将他们拍摄的短视频,一起纳入媒体“Vlog+时政新闻”报道体系。2020年新冠疫情期间,中央电视台播出了系列Vlog短视频《武汉:我的战“疫”日记》,展现了疫情之下武汉这座英雄城市里不同身份的人的生活、工作状态以及武汉抗疫的最新动态,其中拍摄者除了记者外,还有大量的医护人员、防疫志愿者、普通市民等,内容真实,感情真挚,令观众产生了情感共鸣。

(六)致力于打造“Vlog+时政新闻”的个性品牌

媒体在“Vlog+时政新闻”的实践中,从事Vlog报道的记者应该是名记者或者是

---

① 曾祥敏,刘思琦,唐雯.2019全国两会媒体融合产品创新研究[J].新闻与写作,2019(5):28.

② 王喆.Vlog在时政类重大主题报道中的特征及未来走向[J].东南传播,2019(7):51.

具有独特人格魅力和稳定风格的记者，便于受众记忆，能够形成粉丝效应。新华社记者张扬通过两会 Vlog 为大家所熟知，中央电视台“康辉的 Vlog”也让《新闻联播》播音员康辉过了一把网红瘾。当下，从中央到地方各级媒体都在通过 Vlog 方式报道时政新闻，要想从中脱颖而出，除了着力于打造网红记者 IP 外，还要注重相关 Vlog 推出的连续性和周期性，形成系列，增强用户黏性，塑造个性鲜明的新闻品牌。

五、5G 背景下“Vlog＋时政新闻”发展态势分析

5G 时代的到来极大地优化了现有的媒介形态，并催生出新的新闻生产方式。未来的新闻报道样态也将朝着移动化、智能化和场景化方向发展。“具有超大带宽、超高传输速率、超低时延、支持大规模连接等特点的 5G 技术必然给 Vlog 带来强大的技术驱动力，使其成为重要的传播方式之一。”[①] 5G 技术普及后，信息传播速度加快，通信资费降低，AI、AR 等技术可以广泛应用到 Vlog 的拍摄中，为用户带来沉浸式的体验。“而‘Vlog＋新闻’这种融合直播和纪录片特点的新闻报道形式，本身就具备良好的现场感和感染力，一旦结合 AR 技术，就可以轻易给受众带来沉浸式体验。”[②] 5G 网络为 Vlog 应用于时政新闻报道提供了更多可能，这也是新闻媒体报道转型升级的好机遇。时政新闻报道应该抓住这一机遇，更好地发挥“Vlog＋时政新闻”报道的优势，有效传递有价值的信息，吸引更多的人尤其是年轻受众关注时政新闻。

六、结语

融媒体时代，“Vlog＋时政新闻”的应用前景十分乐观，但也要防止过度娱乐化、深度欠缺等问题。“Vlog＋时政新闻”在报道过程中要积极把握话语主权，发挥时政新闻天然的权威性和导向性。各主流媒体需要转变观点，在实施“Vlog＋时政新闻”报道时做好内容把关，强化用户互动，优化传播模式，不断提升时政新闻的传播力和引导力。

（杨慧霞，武汉传媒学院新闻传播学院副教授）

---

① 李政. Vlog 在抗击疫情传播中的应用路径与现实意义——以中央广播电视总台电视纪录频道《武汉：我的战“疫”日记》为例[J]. 中国广播，2020(5)：66.

② 胡志刚，夏梦迪.“Vlog＋新闻”对 5G 时代新闻报道的影响探析[J]. 出版广角，2020(4)：42.

短视频传播视域下青年群体话语失范及对策研究

A Study on Youth Discourse Deviation and Countermeasures under the Perspective of Short Video Dissemination

◈ 卜凡凡

Bu Fanfan

摘要:随着短视频逐渐占据社交话语领域的重要位置,短视频中不断更新迭代的"文化热点"激发了语言狂欢的时代浪潮。在这背后潜藏的文字失语现象,已经成为一个备受关注的社会问题,不禁引人反思:短视频所催生的语言文化乱象,如若没有得到足够的重视与恰当的治理,未来是否会陷入"到处是水却无水可饮"的语言文化危机?在虚拟、数字化的网络空间,只有推动建构网络话语秩序,把握网络空间话语走向,规范网络话语表达,重视语言教育,才能将现实社会的话语秩序落到实处。

Abstract: As short videos gradually occupy an important position in social discourse, the constantly updated and iterative "cultural hot spots" in short videos have stimulated the wave of the era of language carnival. The phenomenon of internet slang expressive language disorder behind this has become a social problem that has attracted much attention. It makes people reflect. If the language and cultural chaos caused by short videos is not paid attention to and managed, will it become a language and cultural crisis of "water everywhere, but not a drop to drink" in the future? In virtual and digital cyberspace, only by promoting the construction of the order of network discourse, grasping the trend of discourse in cyberspace, standardizing the expression of network discourse, and attaching importance to language education can we implement the discourse order of the society.

关键词:短视频;网络话语;言语乱象

Keywords: Short Video, Network Discourse, Discourse Anomie

随着短视频用户规模的不断扩大,短视频已经成为当代青年群体学习、社交娱乐、获取信息的重要渠道，青年群体在其行为互动的过程中产生的影响也日益凸显。中国互联网络信息中心(CNNIC)第49次《中国互联网络发展状况统计报告》显示，截至2021年12月，我国短视频用户规模达9.34亿，占网民整体的90.5%。① 另《2021中国网络视听发展研究报告》显示，20—29岁的短视频用户占到了92.3%，②这意味着庞大的用户规模使短视频逐渐成为主流社会的交往方式。如今短视频平台已经突破了视频创作的元界限，在创作新一轮的流行文化上发挥着独特的功能。

以短视频平台抖音为例，抖音短视频KOL(Key Opinion Leader)是在单一的原点性作品中融入新的元素与符号，让网民争相创作属于自己的"参考模板"，从而引发全民模仿的狂欢，赋予"模仿"行为新的价值。因"玩""随手拍"造就的"一日网红"崇拜，相应所引发的百万点击与流量加持，催生了无数偶发的传播虹吸效应。③ 在抖音创造的话语空间场域中，引起亿万网民关注的新型话语范式"当代语言艺术"④，成为当前青年群体的专用社交符号。短视频当中不断更新迭代的"文化热点"激发了语言狂欢的时代浪潮。截至2022年7月15日，"当代语言艺术"在抖音话题中占据1.1亿次的播放热度，更是在青年群体中产生了从线上到线下的迷因效应。话术模板的模仿再造狂欢也导致了一定程度的言语乱象，当思维被"咱们就是说"的专用开场白所禁锢，语言表达能力开始不断下降，众多短视频深度用户陷入了"文字失语"的怪圈。如今，文字失语现象已经成为一个备受关注的社会问题，不禁引人反思：短视频所催生的语言文化乱象，如若没有得到足够的重视与恰当的治理，未来是否会陷入"到处是水却无水可饮"的语言文化危机？在虚拟、数字化的网络空间，如何将现实社会的话语秩序落到实处，成为一项亟待解决的课题。

一、短视频传播视域下的青年群体言语乱象

(一)话语主体年轻化与混乱、复杂的表达方式

语言学家索绪尔认为言语是语言的实际使用，在言语活动中，带有个人特点且受

---

① 中国互联网络信息中心(CNNIC).第49次中国互联网络发展状况统计报告[R/OL].(2022-02-25)[2023-03-26]. https://www.doc88.com/p－14761575054407.html.

② 中国网络视听节目服务协会(CNSA).2021中国网络视听发展研究报告[R/OL].(2021-06-02)[2023-03-26]. https://www.scbgao.com/doc/76919/? bd_vid＝10318507863922213362.

③ 吴炜华.技术疆域、文化构型与话语实践：新文化图景中的短视频[J].青年记者，2022(1).

④ 如今的"当代语言艺术"指的是青年群体将不同的网络流行话语样式高度糅杂的话语表达行为，究其概念已难以追溯到最初的定义者，但已然呈现出混乱、复杂的言语特征，其在青年群体心中的地位也悄然发生了改变，由原先争相模仿的话语"典范"变成目前逐渐浮现的话语"危机"。

个人意志支配的性质复杂的部分，具有偶发性和广泛的多样性的特点。[①] 作为言语过程的产物，福柯在索绪尔对于语言与言语区分的基础上，将话语定义为“一种符号序列构成的，它们被加以陈述，被确定为特定的存在方式”[②]。随着 20 世纪互联网的兴起与发展，在网络媒介中使用特定的言语进行交际的网络话语，其概念的界定一直被学者争相讨论。本文所研究的对象是青年群体，因此，笔者将网络话语界定为青年群体基于网络平台衍生出的、范围扩散至现实生活中的言语行为。抖音短视频平台如今已经成为青年群体进行社交的新场域，在抖音中诞生、繁衍并传播的话语样式为青年群体制造出无数个社交狂欢，在狂欢背后也引发了一场言语乱象。

言语乱象一方面呈现出话语形式混乱、复杂的特征。与传统规范的言语相比，网络话语本就相对无序，在此基础上产生的抖音言语乱象更是借助平台流量造势，掀起了一波又一波的语言狂欢。抖音言语乱象最初源自被封杀的网络红人“迷人的郭老师”，其夸张及特殊的说话方式引发了小圈层的模仿效应，并被粉丝命名为“郭语”。一些长期观看“郭老师”直播的青年群体戏称自己为“郭语水平十级选手”，并借助抖音平台，将郭语编成魔性洗脑的音乐，配上短视频进行大肆传播。随着热度的不断提升，部分抖音 KOL 利用自己的网红效应，亲身示范“郭语”的表达形式，引发了青年群体争相模仿与学习。“郭语”的传播无疑给青年群体创造了一个独特的话语空间，并且为极具创造活力的青年群体提供了自我表达的路径。各大抖音 KOL 争相加入自己的语言元素为“当代语言艺术”造势，从“集美们”(姐妹们)、“不寄丢”(不知道)、“迷 hotel”(猕猴桃)等语音变调，到“咱们就是说”“一整个”“家人们”“纯粹的”等语用逻辑欠缺的无规则语言结构，再到“歪嘴”“山歌唱腔”“中文的英文式发音”“拖长尾音”等多元表演化的语言形式，大杂烩似的将“各派”语言融会贯通，杂糅为风靡抖音青年群体的“当代语言艺术”。在抖音话语场域中，碎片化的视频包含了大量复杂的语言形式，青年社群在观看、模仿、传播的过程中潜移默化地影响了自己的语言表达习惯，相较于其他代际人群，青年群体的话语似乎被加了密，学会混乱的语言表达形式成为加入抖音青年社群的入场券。

另一方面，言语乱象则呈现出话语主体年轻化的特征。美国学者理查德·弗拉克斯在《青年与社会变迁》一书中提出，青年的反叛是社会文化转变的基本症候。[③] 随着全媒体时代的不断发展，青年群体与其他代际群体相比在新兴媒体的表达上占了上风，借助抖音短视频孵化平台，能够快速实现“自我”的过度曝光。网络话语的

① 索绪尔. 普通语言学教程[M]. 高名凯，译. 北京：商务印书馆，1980.

② MICHEL F. The archaeology of knowledge and the discourse on language[M]. New York: Pantheon, 1972.

③ 弗拉克斯. 青年与社会变迁[M]. 北京：北京日报出版社，1989.

话语主体以青年群体为主，包含青年亚文化、草根文化、大众文化等深层次文化属性，对于社会文化的发展起到了推动作用。一方面，在网络话语空间中，青年群体占据很大的话语权，他们热衷于在媒介平台上打破常规，创造出具有个人特色的话语表达方式，实现自我的彰显。美国社会学家欧文·戈夫曼在《日常生活中的自我呈现》一书中指出，自我就是个体在社会的舞台上，通过语言与非语言的表演形式来控制他人对于自己形成印象的过程。① 基于网络平台上具有一定表演性的自我形象建构，同时借助于网络的虚拟性、娱乐性，青年群体在抖音短视频平台上实现了摆脱身份束缚的自我表达。在抖音空间话语场域中，言语狂欢得到了青年群体的关注与认同，与此同时，创造新的"语言派系"也成为青年群体趋之若鹜的目标。另一方面，在全媒体时代的背景下，新媒体已经成为"总体性"媒介，因此网络语言和"正统语言"之间的边界也会逐渐模糊。② 国家语言资源监测与研究中心每年都会发布当年的十大网络用语，青年群体创造的网络话语也有小部分逐渐被主流社会所接受，实现自身的"主流表达"。基于抖音产生并且传播的网络空间话语，与传统的主流话语、精英话语表达相悖，青年群体沉浸于实现自我表达的话语狂欢，究其实质，则是对于传统主流话语的另一种颠覆。这场话语狂欢借助虚拟空间愈演愈烈。虽然在网络空间场域，每个话语主体都是平等的，但由抖音引发的新一轮言语乱象已经遭到大众的批评，不仅影响了汉语语言文化的发展，同时也对主流媒体、精英话语形成了冲击。

（二）网络言语乱象干扰现实语言表达

网络话语自20世纪互联网发展开始盛行，其影响范围已逐渐从虚拟网络过渡到现实生活领域，网络用语与现实生活用语的界限也逐渐模糊。随着媒介传播的重心从文字向视频转移，抖音利用其社交软件的强大功能陆续占据了各大视频类App的榜首，青年群体用户逐渐在抖音话语空间中占据上风，形成了集各种文化于一体的青年话语社群。笔者以18—29岁区间不限地域的100名青年为样本展开问卷调查，具体结果如图1所示。

① 戈夫曼. 日常生活中的自我呈现[M]. 冯钢，译. 北京：北京大学出版社，2008.
② 常江. 互联网、语言与青年表达[J]. 青年记者，2020(16).

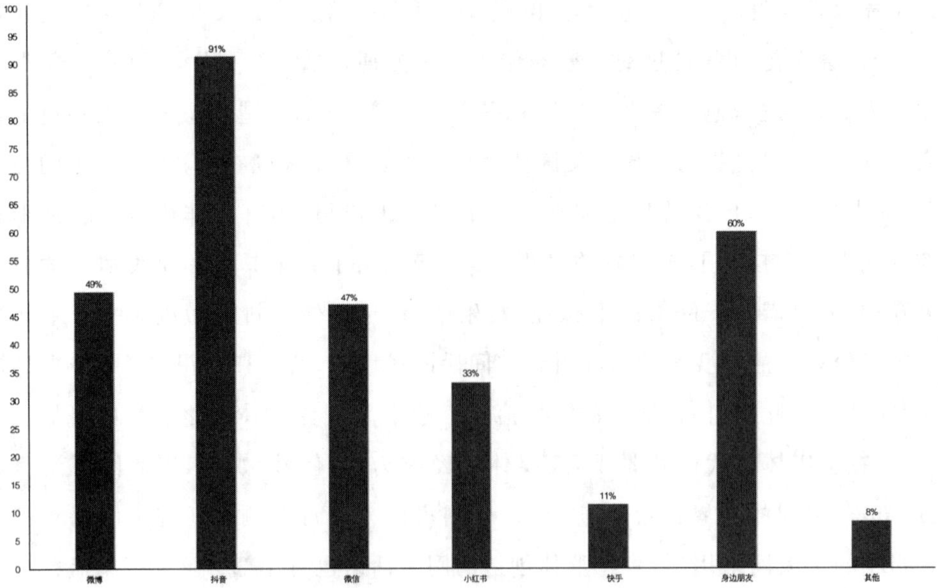

图 1　青年群体接触网络话语样式的渠道来源

基于抖音的算法推荐及视频传播特点，网络流行话语迅速得到了传播与繁衍扩散。调查发现，青年群体在日常生活中使用抖音产生的话语样式比例，61％的人会和朋友进行社交时使用，21％的人知道但在生活中很少使用，6％的人经常使用，只有12％的人不会使用(见图 2)。由此可见，抖音话语在青年群体的日常口语交际中使用频率相对较高。有学者将网络话语的形态归纳为突发、衰减及稳定，这三种形态也预示着网络话语的产生及发展的趋势变化。基于抖音平台生产传播的网络话语，在青年社群中被各大 KOL 加上能够体现个人标志的符号，实现自我的个性融入，话语的样式及形态也在模仿和传播的过程中不断更迭，形成青年群体话语创造的集群化效应。

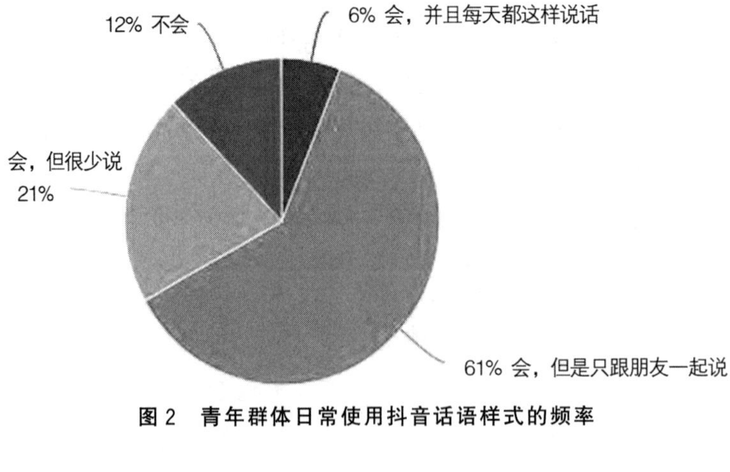

图 2　青年群体日常使用抖音话语样式的频率

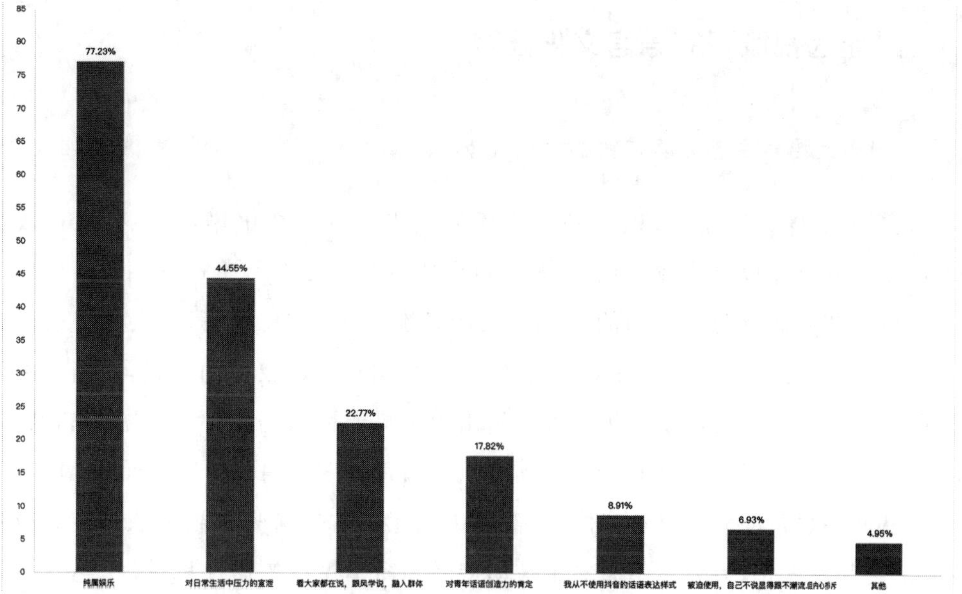

图 3　青年群体日常使用抖音话语样式的原因

随着各类媒体的融合发展，网络空间产生的话语在青年社群中逐渐流传，实现了由线上到线下的传播生产效应。“新媒体赋予大众的自由表达权在青年的手中变成了一种‘符号游戏’。当代青年挣脱了社会主流话语秩序的规则束缚，开辟出一条通往自我表达的风格化道路。”①网络话语在青年社群中的广泛流行，大多源自青年群体对娱乐的追随以及对日常生活中压力的宣泄（见图 3）。虽然青年群体的网络话语行为来源于网络并广泛应用于日常生活及社交的范畴，一定程度上是基于抖音媒介渠道产生的青年圈层文化的交往行为，但随着传播的热度不减以及使用频率的增多，抖音空间产生的网络话语实现了从虚拟到现实的“出圈”，青年群体渴望在主流话语中寻求一席之地，将网络话语逐渐渗透至大众话语当中，突破话语的壁垒。

网络话语的独特体系来自青年群体在互动中产生的群体创造行为，同时在各种文化因素的交织中将娱乐性发挥至极致，但在圈外权威人士看来，网络话语体系的多样性正在攻破正规、传统的汉语言文化，导致言语乱象的影响不断扩大。由抖音产生的圈层文化正逐步影响至现实生活中的日常语言交际，青年群体创造的网络话语样式的“出圈”，看似形成了一定的影响力，实现了以青年亚文化为内核的语言狂欢，但其生产出的无序、无意的话语符号，却在潜移默化中形成了对话语主体的文字表达“攻击”。

① 陈帅. 论当代青年的圈层认同感的话语建构[J]. 中国青年研究，2020(11).

二、迷因视域下的语言文化狂欢

(一)多元语言生态环境导致的言语乱象

在当前的媒介环境下,短视频用户凭借一些独特的文化热点,一夜即可成为KOL,他们在利用媒介获取信息的同时,也渴望掀起一场符号生产狂潮。新媒体的诞生、应用和传播改变了人们的生存方式和思维方式,其人际关系、人际交往形态以及人们的语言生态也随之发生了改变。[①] 随着用户话语权力的彰显,在当下的语言环境场域中,新的流行亚文化景观开始出现。抖音话语场域中逐渐被遗忘的"郭语""岚语""YYDS"等前几代流行热点,如今借助短视频平台"回炉重造,重出江湖"。从心理学角度分析青年群体的"看热闹"行为,古斯塔夫·勒庞认为应试教育的规范化和制度化,为大学生灌输了被动接受和简单模仿的惯性思维。[②] 当青年群体在网络社群空间中通过新兴的话语样式去表达思想感情,他们在获得群体认同的同时也产生了表达的快感。这种所谓"解放自我式的表达",不免让人担忧,在当前多元的语言环境场域下,人人都可以成为一种流行文化的发起人,当迷因呈现病毒式传播,由互联网集结的"乌合之众"就将使语言危机走向文化危机。这种由虚拟到现实的"出圈",不仅凸显了青年群体语言生态环境的复杂,也预示着当前网络语言环境治理的困难重重。

(二)表现型迷因形成语言文化生产现象

语言革命的发生并不是依次替代的关系,而是不断叠加、不断超越、不断融合的历史进程。[③] 当前"视频天下"的新局面无疑成为推动这场语言革命的诱导因素之一。英国学者布莱克摩尔在《迷因机器》一书中将迷因分为两种类型:一种是基于内容复制的基因型迷因(Genetype),一种是基于形式复制的表现型迷因(Phenotype)。[④] 表现型迷因在内容及语境的交互过程中赋予了主体更大的自主权,从而产生更大的影响。如今上亿网友围观并效仿的所谓"当代语言艺术"正是表现型迷因下形成的语言文化生产现象。这种流行语言文化的发起人似乎很难找寻,但这种集前几代流行话语于一体的"新风尚"正在席卷抖音。不论是UGC还是PGC,人人都想成为互联

---

① 靳琰,孔璐璐.新媒体语境下的网络泛娱乐化机理探究[J].现代传播(中国传媒大学学报),2016(12).

② 胡羽.大学生微信传播的从众性负面影响探究——以勒庞"乌合之众"心理学视角分析[J].才智,2016(11).

③ 廖祥忠.视频天下:语言革命与国际传播秩序再造[J].现代传播(中国传媒大学学报),2022(1).

④ 常江,田浩.迷因理论视域下的短视频文化——基于抖音的个案研究[J].新闻与写作,2018(12).

网的流行文化发起人，从最初的“郭语”的遗留物（说话撇嘴、“集美们”的代表符号）到融入之后的“岚语”，再加入“山歌”形式的唱腔，以及各式各样的方言音、夸张的肢体动作融会贯通的“只言片语”，在这样的话术模板中融入自己的语言符号，似乎引起了每一位抖音 KOL 的关注，形成了一种独特的语言文化生产现象。美国社会学家柯林斯指出，在一定的情境中，个体通过持续不断地与他人互动形成互动仪式链，从而获得与认知符号一致的成员身份感和情感能量。[①] 科尔曼则将互联网迷因定义为“在用户不断模仿、修改的情况下，在互联网上快速传播的具有感染性的图像、视频和流行语”。[②] 在表现型迷因的基础上，短视频创作者并没有局限于这种流行语言话术模板的限制，而是激发了新一轮的创作动能，为这场亿万人关注的语言狂欢造势。除了抖音 KOL 外，很多明星也开始使用“咱们就是说”等“当代语言艺术家”的标志性话术，从平民到明星等不同群体，传播效应逐步扩大，更凸显了这种语言文化生产的病毒性。有不少网友戏称其为“鬼打墙文学”。在这样的多元媒介环境下，人们不禁反思：青年群体还能好好说话吗？毋庸置疑，这场语言文化狂欢，其流行传播范围仅限于青年群体，在更多的人看来，“当代语言艺术”如同其他网络流行语一样，似乎搬不上台面。

（三）话语失范构筑畸形快感

韩炳哲在《倦怠社会》一书中指出，目前，人类产生了一种超注意力（Hyperaufmerksamkeit），与深度注意力不同的是，超注意力能在进行多种任务之间转换焦点。韩炳哲认为当前人类对于工作和绩效的追求日益增大，导致功绩社会的精神疾病频发。[③] 当代青年群体在学习、工作中承受了越来越多的压力，人们想要追求一种精神上的休憩，在这方面，短视频能够快速地抓取信息，让青年群体享受热点并生产娱乐，减少大脑思考的时间，堪称一门新兴的“休憩术”。“通过再造文字颠覆和抵制权威话语，表达草根阶层的价值观，营造社群的话语空间，这种亚文化的抵抗过程实质上是一种充满游戏精神的狂欢仪式。”[④]青年群体通过言语形成内部共识，并试图用内在秩序打破官方话语的束缚，用流行亚文化的标签在社会上赢取更多的认可度。福柯（Foucault）认为，话语具有规范他人行为的意义。主流话语一定程度上能够规范群体

① 柯林斯. 互动仪式链[M]. 林聚任，等译. 北京：商务印书馆，2009.

② COLEMAN E G. Phreaks, hackers, and trolls: the politics of transgression and spectacle[M]. New York: New York University Press, 2012.

③ 韩炳哲. 倦怠社会[M]. 王一力，译. 北京：中信出版集团，2019.

④ 杜丹. 颠覆、抵制与游戏——网络文字涂鸦的亚文化话语空间建构[J]. 国际新闻界，2014(11).

的言语行为,但青年群体在抖音平台上的模仿式话语表达,无疑是以其无序、混乱的话语特征向主流话语的影响力发起挑战。“当代语言艺术”的诞生正是网络娱乐化的表征,这种社交符号将几代流行语言进行分解并融入不同网民的个人符号予以重新建构,最终促成了一场传播效应极强的语言闹剧。一旦青年群体被“当代语言艺术”的话术模板所禁锢,他们也就无法进行积极正向的思维创作活动。语言是思维的外化符号,大脑思维的结果最终要通过语言符号表达成概念、判断、结论、措施等,个体才算真正掌握真理,输出知识,认知世界,解决问题。① 目前,这种流行话语方式还在不断蔓延,其所产生的畸形表达快感还在不断地自我繁殖当中。2019 年,中国青年报社社会调查中心联合问卷网对 2002 名受访者进行了一项调查,问卷显示,对于因经常使用网络用语表达思想情感,76.5%的受访者感觉自己的语言越来越贫乏了。当代青年群体看似强大的语言创新动力,实则暗含着语言贫乏的真相,其欲说忘言、开口失语的窘境背后恰恰隐藏着网络信息时代下青年群体内心的精神空洞。语言创新无可厚非,但脱离语言传播的本质、禁锢思维的创新,无疑牵引着整个语言生态环境朝着去价值化、低俗化的错误方向发展。

三、话语秩序建构

网络话语以其强大的娱乐性肆意传播的同时,正在打破当代主流、传统的话语秩序。当代全媒体的发展环境对于如何建构网络话语秩序提出了新的要求。

(一)建构网络话语秩序,把握网络空间话语走向

虚拟的网络空间给予了话语主体自由表达的权利,青年群体在话语表达中不断进行自我意识的创造并借助抖音等短视频平台进行话语传播,导致言语乱象问题愈演愈烈。言语乱象的本质是网络话语失范,只有推动建构网络话语秩序,对网络空间的话语表达进行规范,才能把握网络空间的话语走向。国务院办公厅于 2020 年 9 月发布了《关于全面加强新时代语言文字工作的意见》(国办发〔2020〕30 号),《意见》中指出:“加大行业系统语言文字规范化建设力度,强化学校、机关、新闻出版、广播影视、网络信息、公共服务等领域语言文字监督检查将语言文字规范化要求纳入行业管理、城乡管理和文明城市、文明村镇、文明单位、文明校园创建内容。加强新词新语、字母词、外语词等新兴语言的监测研究和规范引导。加强语言文明教育,强化对互联网等各类新

---

① 田列朋.语言能力是创新的基础要素[N].光明日报,2022-1-23(05).

媒体语言文字使用的规范和管理，坚决遏阻庸俗暴戾网络语言传播，建设健康文明的网络语言环境。”[①]在此基础上，抖音等短视频平台开始了专项整顿行动。例如，从2021年第四季度抖音安全透明度报告来看，抖音安全中心上线了“粉丝抹除”“同质化内容黑库”两项安全功能，针对同质化内容从根源上进行流量的管控。此外，抖音直播也于2021年12月底启动了打击低俗、不良价值观内容的专项行动，针对造成恶劣社会影响的主播给予永久封禁账号或清退的处罚。[②] 但目前来看，平台并没有针对话语秩序失范的现象进行严格监管。另外，国家也应推出相应的法律法规、明文规定对网络空间的话语表达、传播等互动行为进行规范。

(二)规范网络话语表达，重视语言教育

在网络话语肆意传播的背后，隐含的是当代青年群体语言表达能力退化的现状。多元化的话语表达样式不仅冲击着我们的日常生活，也使我们陷入一种“条件反射”式的语言表达程式。如何理性看待在青年群体中广泛传播的话语样式，并具体分辨出哪些纯属娱乐、哪些是再造语言狂欢？面对流行的网络话语样式，如何做到不盲从、不跟风？作为新时代的青年，我们应从自身做起，对于积极的话语创造给予肯定，对于具有表演性质的无序话语进行理性批判，保持良好的阅读习惯，不断提高自身的文化素养。而对于教师来说，引导和规范话语主体的话语表达，加强语言学科与其他各类学科的交叉和融合，则是现阶段语言教育的重要任务。此外，主流媒体应当发挥其主体地位，宣传正确、规范的话语表达，在尊重已有的良性网络话语表达的基础上，维护网络空间话语秩序。社会各界也可以在现实生活中、网络空间中积极引导青年群体树立规范的话语表达意识，避免出现语言狂欢乱象。

四、结语

“离开语言，朝向思维之途的存在之门就会慢慢关闭，思维就会被搁置在‘失语’的中途。”[③]在媒介融合的发展趋势下，这一轮语言危机逐渐走向衰微，与此同时，新一轮语言狂欢也将浮出水面。抖音迷因的产生并不是引发文化危机的根本，而是部分迷因

① 教育部.国务院办公厅关于全面加强新时代语言文字工作的意见[EB/OL].(2021-11-30)[2022-08-04].https://www.gov.cn/zhengce/content/2021－11/30/content_5654985.htm.

② 抖音.2021年第四季度抖音安全透明度报告[EB/OL].(2021-12-31)[2022-08-04].https://www.douyin.com/transparency/2021－Q4.

③ 潘庆玉.语言教育哲学导论——语言哲学视阈中的语文教育[M].北京:教育科学出版社,2009.

社群中的“乌合之众”盲目追随所谓的“当代语言艺术”，在试图获得语言解放的过程中，走向了娱乐至死。

2021 年 7 月 1 日，在庆祝中国共产党成立 100 周年大会上，习近平总书记指出，“未来属于青年，希望寄予青年。青年是整个社会力量中最积极、最有生气的力量，国家的希望在青年，民族的未来在青年”。[①] 青年群体应不断地进行自我反省，减少对没有任何意义的语言狂欢的过度追求，保持对积极正向、有社会价值的语言创新的热情；在当前多元的语言生态环境下，青年群体更应增加深度思考与阅读的时间，用知识武装自己的头脑，以应对当前这场“当代语言艺术”造成的语言危机。

（卜凡凡，武汉传媒学院播音主持艺术学院助教）

① 习近平对青年的殷殷嘱托[EB/OL].(2021-07-21)[2023-03-26]. https://baijiahao. baidu. com/s? id=1705847191001834933&wfr=spider&for=pc.

媒介融合对数字出版的影响探究

Research on the Influence of Media Convergence on Digital Publishing

◈ 刘 丽

Liu Li

摘要：媒介融合正在深度影响数字出版行业的发展。在内容生产层面，数字出版的内容生产走向“一次制作、多渠道跨平台传播”的新内容生产模式，知识生产方式的变革加剧；在呈现形式层面，数字内容的呈现更趋“多媒体化”；在传播渠道与平台层面，数字出版的传播渠道日益丰富，传播媒介不断走向融合；在产业层面，媒介融合推动数字出版的发行模式、产业管理模式、商业模式和发展模式加速变革。这些影响正在促进数字出版的内容生产、呈现形式、传播渠道、出版流程、用户消费以及产业模式等方面发生深远的变化。特别是，媒介融合对数字出版技术的选择和使用产生了突出的影响。

Abstract: Media convergence is deeply affecting the development of digital publishing industry. At the level of content production, the content production of digital publishing is moving towards a new content production mode of "one-time production, multi-channel and cross-platform communication". And the transformation of knowledge production mode is intensifying. At the level of presentation form, the presentation form of digital content is more "multi-media". At the level of communication channels and platforms, the communication channels of digital publishing are increasingly rich, and its communication media are constantly moving towards integration. At the industrial level, media convergence promotes the transformation of the distribution model, industrial management model, business model and development model of digital publishing. These influences are leading to far-reaching changes in the content production, presentation form, communication channel, publishing process, user consumption and industrial model of digital publishing. In particular, media convergence has had a prominent impact on the choice and use of digital publishing technologies.

关键词:媒介融合;数字出版;协同编纂

Keywords: Media convergence, Digital publishing, Co-editing

随着现代社会的高速发展和技术的不断进步,媒介融合已成当今世界媒体发展的大势所趋。媒介融合不仅仅是简单的技术变革或技术进步,媒介融合过程会释放出巨大的能量,影响社会传播秩序的构建和社会结构的变迁,并推动社会的思想文化、价值观念、知识生产与传播等发生改变。因此,纵观世界各国的媒介发展现状,虽然媒介融合的程度各异,但是,其产生的方方面面的影响都同样深刻而广泛。

媒介融合不仅仅停留在内容融合、平台融合、用户融合等几个层面,从更深层的意义上讲,它是一种思维方式的变革。因此,媒介融合对数字出版的影响将是深远的。首先,媒介融合的生态和语境直接影响着数字出版的内容生产和传播。在媒介融合背景下,数字出版的内容需要适应媒介平台并面向市场传播,以符合用户的阅读习惯,满足用户的阅读需求,从而实现自身的价值。这是媒介融合推动数字出版变革的动因,从根本上讲,是技术进步和市场需求推动的结果。其次,数字传播技术的发展改变了知识的生产和传播方式。在媒介融合背景下,介质和内容进一步分离,人们不再依赖于纸质图书进行阅读和学习。同时,手机等新兴媒体蓬勃发展,改变了数字出版内容版权的生态环境,随之带来了一系列改变。[①]

一、媒介融合对数字出版流程的影响

媒介融合是技术推动的产物,但是媒介融合的影响不仅仅限于技术领域,而是向社会各个领域渗透。媒介融合也直接影响着数字出版,在数字出版技术和数字出版内容两个维度上,媒介融合同时发挥着作用。结合媒介融合的发展特点以及数字出版的特性,笔者发现,媒介融合对数字出版的影响主要体现在以下几个方面:

(一)内容生产层面:催生新的内容生产模式

在媒介融合背景下,用户只需借助于一个接收终端就能接收到所有形态的媒介内容,因此数字出版的内容生产(知识生产)需要适合媒介融合的传播渠道和载体,实现“一次制作、多渠道跨平台传播”。这对数字出版的内容生产提出了更高的要求。特别是,媒介融合要求数字出版的内容适用于 PC 个人电脑、数字电视、手机、手持阅读器

---

① 杨玲.媒介融合视阈下的出版企业动态能力构建与培育机制研究[D].北京:北京交通大学,2013.

以及电影屏幕等展示终端和平台的需要，数字出版的内容生产需要考虑到以上这些因素。

谈及数字出版的优势，我们往往倾向于从介质的更新上思考问题，认为数字出版具有便携、存储量大、多媒体形式呈现出版内容等优势。这种观点固然没有错，但还停留在对数字出版的片面理解上。媒介融合背景下的数字出版，在彻底打破“以纸为中心”的出版理念的同时，还通过融合的移动互联网平台打破了“以纸书为代表”的知识凝聚与传播方式，以及“以书面文字为代表”的阅读思维。① 还需要特别提到的是，媒介融合带来的这一改变，要求数字出版组织或机构必须做好内容管理工作，主动强化内容与用户的互动性。

（二）呈现形式：数字内容的呈现形式更趋“多媒体化”

随着移动互联网时代的到来，传播发布和接收终端也更加多元化和走向融合。这种融合背后的技术动因在于互联网移动终端的成熟，从而使得用户可以多渠道发布、多平台呈现信息。

媒介融合正在形成真正意义上的、深刻的“多媒体传播”。在多媒体传播语境中，数字出版精准运用文字、图形图像、声音、网络和通信等多种媒介形式或传播手段，更好地呈现了出版的信息内容。

（三）传播渠道与平台：数字出版的传播渠道日益丰富，传播媒介不断走向融合

媒介融合促进了传播渠道的多媒体化发展。传统媒体纷纷建立了网站、博客、微博、微信公众号、App、短视频号等，目的是通过多渠道终端、多介质内容表达的方式把信息传播出去，从而扩大传统媒体的影响力。而对于传播个体而言，传播渠道也有了多样化的选择，他们可以通过各种社交软件来实现日常沟通和交流。

对于数字出版来说，现代传播媒介及其融合形态给数字出版提供了多样化的传播渠道和传播平台。例如，广电有线网络平台、电信平台等为数字出版开辟了新的传播和发行渠道。局域网和互联网、数字内容发布平台、阅读器、移动通信设备等作为信息传播的新媒介可以高效传播数字出版的内容，也能够“多渠道、全方位、多形态”地呈现数字出版的信息内容，同时，出版内容还可以通过互联网技术整合、多媒体化、按不同载体要求进行传播。②

---

① 胡晓东，庄鸿．数字出版：左手技术，右手内容[N]．中国新闻出版报，2014-02-28．

② 张宏．媒介融合与数字出版——关于数字出版内在基本模式及路径寻找的另一个视角[J]．出版广角，2012(1)．

(四)出版流程:协同编纂

在媒介融合语境下,出现了媒介的技术融合。技术融合指的是各种媒介在信息采集、制作与发布、传送各个环节的技术越来越趋同,进而统一为一体,呈现出多功能一体化的"多媒介性"。① 这意味着,为了适应"多媒介性"融合的传播渠道和传播平台,数字出版需要改造其出版流程。原来的出版流程基本上是线性的,内容制作完成方可进入出版环节,而出版环节中的每个流程都要预留特定的时间和空间,实现多线程工作的难度大,也容易导致低效率。为了解决这一矛盾,人们在数字出版流程中引入了协同编纂这一模式。所谓协同编纂,指的是基于XML(可扩展标记语言)结构化标准,用来满足出版商与作者、作者与作者之间的协同与合作,实现结构化内容的编纂、审校、管理和动态出版的全流程数字化出版解决方案,并可以为读者提供个性化的数字内容服务的一体化平台。协同编纂平台是出版机构数字出版的核心环节,担负着内容采集、加工与生产的任务。② 可以说,协同编纂不仅推动了数字出版模式创新,也提高了数字出版效率。

(五)用户消费:消费习惯与消费需求出现了新变化

首先,数字出版的读者获取信息的途径和方式更为多元化。这不仅体现在读者希望利用声音、视频和图片等方式获取信息,而且体现在读者更加倾向于利用碎片化的时间、伴随性的时间进行数字阅读,从中获取信息或知识。

其次,数字出版的"传受关系"发生了改变,突出表现为用户("受众")的中心化。这是由媒介融合背景下传播活动的去中心化和扁平化带来的。

最后,在媒介融合背景下,数字阅读用户的图书消费已经被移动媒体、网络媒体、电影电视等文化产品所替代,因此,数字出版需要思考如何基于这些传播平台来满足用户的阅读和消费需求。

总体观之,媒介融合给数字出版的生产方式、传播方式、消费方式等带来了全方位的影响与改变,不仅显在地推动了数字出版的生产流程,扩充了传播渠道与平台,而且改变了用户的接收习惯和阅读习惯,创造了数字阅读的新景观。

---

① 张宏.媒介融合与数字出版——关于数字出版内在基本模式及路径寻找的另一个视角[J].出版广角,2012(1).

② 尹琨,任晓宁.数字出版技术动向[EB/OL].(2014-01-02)[2023-03-26].http://www.chinaxwcb.com/2014-01/02/content_284146.htm.

二、媒介融合对数字出版产业的影响

媒介融合改变了整个出版行业的竞争环境，新的竞争规制、经济规律和经济效应给出版业带来了冲击。[①] 而随着我国传媒体制改革的推进和数字出版产业转型升级的提速，以及新媒体产业的“非正式”冲击，我国的数字出版也迎来了全新的机遇和挑战。

首先，在产业发展方面，广电业、电信业、计算机产业和出版业形成了产业内分工和合作的“融合格局”，为数字出版产业的快速发展提供了有利的条件。[②] 与媒介融合的进程同步，多媒介形态为数字出版产业链的拉伸、整合提供了可能。

其次，媒介融合要求数字出版实现深度的产业融合，从而提供满足数字阅读用户需求的内容与产品。目前，我国数字出版产业主要采用的是“提供平台内容＋在线或终端硬件设备传播”的商业模式(这也是国际数字出版产业热衷的商业模式)，以“单打独斗”居多，虽然也取得了一定的成绩，但发展动力有限。从数字出版产业融合发展的角度看，需要形成由传统出版企业、新媒体企业、其他传媒企业等融合而成的新型传媒集团式或联盟，破除以新传播技术为基础的融合模式。[③] 这种产业融合需要从产业的协作和融合两个方面展开。

再次，在产业结构上，出版业与广播电视、电信的对应价值链通过横向聚合形成了横向一体化结构。在市场结构上，产业之间的竞争更趋激烈。在经济增长方式上，技术革命导致出版业的规模经济和范围经济不断增长。这构成了媒介融合背景下数字出版产业演化的基本规律，给数字出版产业的发展带来了新的挑战。[④]

对于数字出版产业来说，媒介融合和 web2.0 正在推动产业加速转型升级发展。技术、内容、服务、资本的融合，形成了一系列跨媒体、跨行业、跨地区的传媒形态，出现了全新的融合媒体组织。这些组织与数字出版企业形成横向的联合与合作，成为推动数字出版企业转型发展的重要力量。

最后，版权管理的变化。对于数字出版的版权保护来说，在媒介融合背景下，数字版权技术随着融合的媒介形态、用户的阅读习惯、数字内容的呈现方式、数字内容的传播模式等不断变化，需要从单一的内容生产环节，向内容生产的整个流程扩展，发展出

---

① 张耀元. 基于媒介融合视角的数字出版分析[J]. 出版广角，2014(Z1).

② 党东耀. 三网融合与数字出版价值链的延伸与创新[J]. 广西大学学报(哲学社会科学版)，2013(4).

③ 张宏. 媒介融合与数字出版——关于数字出版内在基本模式及路径寻找的另一个视角[J]. 出版广角，2012(1).

④ 姜兆轩. 媒介融合时代出版业的产业演化与竞争优势研究[D]. 长沙：湖南师范大学，2012.

新的版权保护技术和版权保护模式。[①] 此外,近年来,互联网原创作品异常火热。据统计,互联网原创作品的产品规模从2011年的175.7万种,增至2012年的214.43万种,再降至2013年的175.78万种。及至2014年,互联网原创作品的产品规模增至201万种。[②] 这些原创作品的版权归属问题如何划定,数字出版企业或个人引用或借用这些作品,如何界定版权问题,如何形成新的版权保护和交易机制,都是新的版权保护命题。[③]

三、媒介融合对数字出版技术选择和使用的影响

数字出版是技术与需求双轮驱动的结果,它以"终端、内容、用户体验"为三大核心展示要素,致力于为用户带来优质的阅读体验,并为内容创造新的价值。因此,对于数字出版我们需要从用户、内容与变化三个维度来进行考察。这就要求数字出版处理好内容(选题)、设备(技术)、需求(市场营销)三者之间"三位一体"的关系。[④]

纵观当下的情势,媒介融合给数字出版带来了深刻的影响,这些影响正在促进数字出版的内容生产、呈现形式、传播渠道、出版流程、用户消费以及产业模式等方面发生深远的变化。特别是,媒介融合对数字出版技术的选择和使用产生了突出的影响。具体体现在:一是在内容(选题)层面,媒介融合的快速发展要求数字出版对新的技术进步保持高度敏感,积极将区块链、元宇宙、人工智能等新的技术手段运用于数字出版领域。二是在设备(技术)层面,媒介融合要求数字出版注重更新设备和技术,特别是需要加大技术投入,防止被新技术所淘汰。三是在需求(市场营销)层面,媒介融合要求数字出版充分考虑用户的需求,要以用户视角、从用户需求出发有选择性地采用新技术,更好地满足用户需求。为了应对这些影响和变化,从总体上看,当下的数字出版需要在内容生产和技术使用两个层面做出调整和改变。

总之,媒介融合作为一个大趋势,对数字出版的影响无疑是巨大的。数字出版需要密切关注媒介融合的演变,结合媒介融合的新变化、新发展、新趋势,进行有效的转型升级。

(刘丽,武汉传媒学院教师)

---

① 邱楚芝.媒介融合背景下数字出版产业价值链治理研究[D].广州:暨南大学,2010.

② 魏玉山.2014—2015中国数字出版产业年度报告[EB/OL].(2015-07-15)[2020-07-27].https://www.docin.com/p—2415028914.html.

③ 张耀元.基于媒介融合视角的数字出版分析[J].出版广角,2014(Z1).

④ 廖剑锋.法兰克福书展热议数字出版,媒介融合凸显内容价值[N].通信信息报,2010-10-13.

融媒体背景下社会热点新闻舆情传播策略

Strategies for Disseminating Social Hot News and Public Opinion in the Context of Integrated Media

◈程 平

Cheng Ping

摘要:在现代科学技术的推动下,媒介形式发生了很大的变化,融媒体成为主要的发展趋势。融媒体改变了传统单一的媒介形式,有效地提升了信息传播的效率,但与此同时也引发了一些问题。本文将对融媒体背景下的社会热点新闻舆情传播策略进行深入的研究与分析,探讨问题并提出一些具体的解决措施。

Abstract: Driven by modern science and technology, great changes have taken place in the form of media, and financial media has become the main development trend. Financial media has changed the traditional single form of media, effectively improving the efficiency of information dissemination, but at the same time, it also causes some problems. This paper will conduct in-depth research and analysis on the communication strategies of social hot news public opinions under the background of financial media, explore the problems and propose some specific solutions.

关键词:融媒体;社会热点;新闻舆情;传播控制;有效策略

Keywords: Melt media, Social hot spot, News public opinion, Communication control, Effective strategy

在媒介融合的发展趋势下,信息传播的速度和效率全面提升,尤其是针对社会新闻热点话题的传播,短时间内实现了信息的全方位覆盖,但与此同时也产生了一定的负面影响。因此,我们需要做好融媒体背景下社会热点新闻舆情控制,采取有效的传播策略,为社会热点新闻舆情传播的正确导向提供保障。

一、融媒体的基本概念

融媒体是由多个传播媒介和技术资源融合而成的一种全新的媒体形式,以数字技术、新媒体技术为核心技术,构建数字化基础平台①。融媒体将传统的广播、电视、报纸等媒介载体通过新技术进行展现,利用技术拓宽了传统媒体资源,使得传播内容更加丰富,传播方式更为灵活,且传播速度得以全面提高。"融媒体"不是一个独立的实体媒体,而是将多种媒介形式进行相互整合、互为利用,使其功能、手段、价值得以全面提升的一种运作模式。

二、融媒体背景下社会热点新闻舆情传播控制的影响和重要性

近年来,随着互联网技术的发展和普及,融媒体已经发展成为现代社会的主流,在此背景下探讨社会热点新闻舆情的传播控制就具有十分重要的意义。

(一)社会热点新闻舆情传播的影响分析

1.正面影响

对于社会热点新闻舆情传播,融媒体的优势在于其提高了新闻传播的速度和效率。首先,随着信息技术的发展,人们获取信息的渠道已经不再局限于传统媒体,新媒体占据了越来越重要的地位。在此背景下,融媒体可以通过直播、微信公众号、论坛等多种新媒体方式进行信息的传播,使受众第一时间获取到最新的信息。其次,融媒体作为一种新型的传播方式,具有互动和交流的特点,受众不仅仅是信息的接收者,还是信息的传播者,融媒体的出现增强了受众的参与感。最后,融媒体可以采用多种形式进行信息的传播,一定程度上保证了信息传播的真实性和权威性。"当前许多融媒体平台为了保证新闻的真实性,都会采用多方调查、多角度呈现的方式,为公众提供多层面的信息……加强了新闻的可信度和可靠性,提高了民众的认识水平。"②

2.负面影响

一方面,融媒体的传播覆盖范围较大,能够快速地传输更多信息,但另一方面也意

---

① 傅昌波,刘冰.融媒体环境下重大突发事件的社会舆情风险与整体治理策略[J].北京师范大学学报(社会科学版),2021(4):10-11.

② 徐缤荣.融媒体背景下社会热点新闻舆情传播控制模型构建[J].微型电脑应用,2022,38(10):149-152.

味着面对大量信源的公众，容易出现信息片面传播的现象，导致公众难以对新闻事件形成整体的、准确的认识。这一情况在互联网时代尤为凸显，因此应防止新闻信息的片面化传播，规范传媒行业。此外，虽然融媒体的优势在于受众的互动与交流，受众能够直接参与到新闻事件的讨论和解决中，但这种互动也容易导致低质量、负面的评论出现。在社交媒体和论坛上，我们经常可以见到各种攻击性言辞，甚至有些评论给新闻事件本身带来了一定程度的负面影响。如何引导公众理性看待问题，不轻信谣言，是当前各主流媒体需要认真思考的问题。还有很关键的一点是，融媒体容易引发“煽动性言论”。在社会热点事件的传播中，由于人与人的交流更为便利，一些“煽动性言论”的传播也变得更为方便。负面言论会引起不良效应，导致民众情绪的不稳定和社会动荡的发生，“所以需要负责任的媒体工作者意识到自己应承担的社会责任，对有意煽动民众的言论进行有效控制，从而保护公众利益”①。

(二)融媒体背景下社会热点新闻舆情传播控制的重要性分析

1. 维护社会稳定

现代社会，热点新闻舆情的传播速度之快、影响之广，很容易引发社会动荡和不稳定，如果没有及时控制和干预，则会影响到社会稳定发展(比如一些虚假的谣言、不实的消息、造谣扰乱社会的行为，容易引起人们恐慌，错误引导舆论)。因此，如何引导公众理性看待问题，不轻信谣言，成为当前各主流媒体需要认真思考的问题。对融媒体背景下的社会热点新闻舆情进行传播控制，可以保持社会的稳定，维护社会的和谐。例如新冠疫情期间，相关部门构建了多样化的融媒体传播渠道，在多个平台(比如短视频、微信公众号、微博社区等)及时传播防疫信息，稳定了公众的恐慌情绪。

2. 保护公民权益

在新闻传播的过程中，一些虚假、伪造的社会热点新闻会侵害到公民的切身利益。如今，公民已经可以用融媒体平台维护自身的合法权益。例如，2021 年，《长江日报》移动平台“大武汉”客户端上线，市民可以一键表达诉求、查询进展；可以一起监督部门办事“成绩单”；可以在线讨论城市大小事，每周还有“正直播”，在线回答网友提问等。这些融媒体平台能够迅速反映民众的心声、诉求、建议，在政府与群众之间搭建起沟通的桥梁，保护了公民的合法权利。在现阶段，融媒体不仅是信息的提供者和传播者，而且在国家治理中也发挥着十分重要的作用，它通达社情民意，传递主流声音，实现了党心民意的同频共振，提升和优化了治理效能。

---

① 任钰嘉. 融媒时代新闻媒体对公众舆论监督的引导策略浅析[J]. 声屏世界,2022(3):5-7.

3. 保障国家的信息安全

国家的信息安全关系到国家的长远发展和民族的未来，但是在当下，一些故意传播不实信息、煽动民族情绪、妄议国家大事、泄露国家机密的行为时有出现，随时可能危及国家安全。为了维护国家的权威和形象，国家网监部门对融媒体平台实施了综合监督管控，有效监督了舆情的传播，避免了不良信息的泛滥。

4. 舆论引导

在当前的融媒体背景下，对社会热点新闻舆情进行有效的传播控制，能够引导舆论走向，确保舆论的正向发展。

三、融媒体背景下社会热点新闻舆情传播控制策略

(一)加强对价值观念的引导

一方面，对于新闻媒体来说，应该在报道社会热点新闻时始终坚持树立正确的价值观念，把握正确的舆论导向，鼓励广大人民群众发扬正义精神，维护社会公平正义；坚守职业道德底线，不报道虚假信息和低俗内容，尤其是不以炒作为手段获取高点击率和收视率，只有保持良好的职业道德自律，才能赢得公众的信任；坚持公正、客观的报道原则，严格把握事实关系，做到实事求是，不片面强调某一方面的观点，做到客观中立，且需要注重报道的深度和广度，尽可能全面地展现事实真相，避免因不完整的报道而引起误解和偏见。另一方面，对于政府部门来说，可以通过多种渠道向公众传播信息，提高公众的法律意识和道德素养，加大教育引导的力度，提升公众的文化水平；设立综合信息监管平台，加强对社交媒体的管控，严格监督和管理信息传播渠道，防止虚假信息的传播和散播，维护公共秩序和社会稳定。①

(二)构建完善的信息预警机制

当前，社会热点新闻舆情传播的速度越来越快，范围也越来越广，给传统的舆情监管带来了极大的挑战，因此，建立一套科学有效的预警机制，对于保障社会良好的舆情传播环境、维护社会稳定和谐具有十分重要的意义。首先，要精准分析舆情，深入研究和剖析每一个社会热点事件，了解事件发生的原因和影响程度，以便对其进行科学、合理的预警和预防；其次，整合多种数据资源，包括网络数据、社交

---

① 李德宇. 新媒体背景下的网络舆情传播研究综述[J]. 社会科学与计算研究，2022，2(1).

媒体数据、传媒数据、政府部门数据等，全方位准确判断社会热点事件的发展态势和变化；最后，建立动态监测系统，该系统能够及时捕捉社会热点事件的变化情况以及民意的波动，通过数据挖掘和分析，为舆情管理者提供重要的参考和预警信息。除此之外，在建立预警机制的同时，还需要制定针对不同类型舆情事件的应对预案，实施有针对性的防范和控制。

（三）加强对融媒体平台的监管力度

首先，在网站、客户端等平台上设置专门的社会热点新闻舆情监测系统，实时监控各种社会热点话题的讨论、分享和互动情况。一旦发现相关话题具有敏感性、威胁性或者非法性，融媒体平台就会及时采取措施进行干预和处理。

其次，配备专业的运营管理团队。融媒体平台需要有专业的运营管理团队，以保证社会热点新闻舆情传播的合法、公正和客观性；运营管理团队成员需要了解各种社会热点话题的背景、影响以及相关的法律法规，对于不符合规定的信息进行及时的删除和处理。

再次，采用人工审核和自动审核相结合的审核方式。人工审核需要有专业、敏锐的审核人员进行审核，保障社会热点新闻舆情传播的准确性与可信度；自动审核更适用于对相关信息的初步筛查，避免不良信息的出现。

最后，加强对用户发言和内容的监管，对于一些有可能引起不必要的争议、产生不良影响或法律纠纷的用户发言和内容，融媒体平台需要进行限制和屏蔽，这样不仅能够保证社会热点新闻舆情传播的可靠性，同时还能够保护用户的合法权益。[①]

（四）加强对从业人员的监督管理

1. 建立相应的监管机制

对于传媒行业从业人员来说，建立一套完善的管理体系，明确相应的管理职责和任务，是十分重要的，也是监管机制的核心。监管机制需要确保从业人员的行为不会对舆情传播造成负面影响，并对提高从业人员的职业道德水准做出了一定的规定。

2. 加强职业道德建设

加强传媒行业从业人员的职业道德建设，是融媒体时代新闻监管的首要任务。从业人员在日常工作中，应当严格遵守相关的职业道德法规和行业规范，保障报道的准确、公正，而不是为了获取流量，制造非正能量的内容。同时相关部门应加强对从业人

---

① 张英英．融媒体背景下广电新闻舆论“四力”建设研究[J]．新闻传播，2021(9)：97-98.

员职业道德水平的考核与评价，促进从业人员职业道德的提高。[①]

3. 加强技术手段的监督

一套完整的技术手段监督机制可以保证从业人员使用技术手段的合理性和准确性。从业人员也应掌握一定先进的技术，提高技术手段的使用效率和有效性。

四、结语

综上，本文简要阐述了融媒体对社会热点新闻舆情传播的影响，并分析了社会热点新闻舆情传播控制的重要意义，最后提出多项科学有效的控制优化策略，希望可以对新闻行业起到一定的借鉴与帮助。

(程平，武汉传媒学院新闻传播学院讲师)

① 龚瑞. 新媒体环境下突发事件网络舆情的信息传播分析[J]. 新闻文化建设，2022(22).

全球化语境下华语流行音乐的文化混生性

——以中韩流行音乐的跨文化特征切入

Exploring Mandopop through the globalization lens

—Culture, hybridity and the relationship with K-pop

◈ 符逸帆

FU Yifan

摘要：自20世纪以来，中文音乐景观经历了巨大的变化。受西方文化和国内社会政治变化的影响，中国流行音乐被不断重塑。华语流行音乐，即用普通话演唱的中国流行歌曲，作为中国流行音乐领域的一个主流类型，呈现出了独特的文化交融混合。此外，随着近年来韩国流行音乐的兴起，部分华语流行音乐开始采取一种与韩国流行音乐相近的形式征战乐坛，这使其身上的多元文化因素表现得更加复杂。本文将采取文化混生的理论框架，探讨当代华语流行音乐中所呈现的文化多样性是否足以构建跨文化传播过程中的"第三空间"。

Abstract: Chinese soundscape has changed radically in the twentieth century. Influenced by constant social and political changes within and beyond the national boundaries, Chinese pop music has been in constant flux. Mandopop, a Chinese music genre performed in Mandarin, is the dominant genre in the Chinese pop music market. It demonstrates unique cultural blend and fusion. In addition, with the rise of K-pop in recent years, some Chinese pop music began to take a form similar to K-pop to compete in the music world, which makes its multicultural factors more complicated. This paper will adopt the theoretical framework of cultural mixing to explore whether the cultural diversity presented in contemporary Chinese pop music is sufficient to build a "third space" in the process of cross-cultural communication.

关键词：全球化；文化混生；华语流行音乐；韩国流行音乐

Keywords: Globalization, Cultural hybridization, Mandopop, K-pop

一、引言

在当今的全球音乐产业中,非西方音乐风格的发展势头逐渐显著。比如席卷全球的韩国流行音乐,屡创话题佳绩,彰显其不容小觑的国际影响力。而另一种源自东亚的音乐风格——华语流行音乐,同样作为跨越国境的文化产物,拥有遍及世界各地的听众群体。

华语流行音乐,指以现代标准汉语演绎的流行乐,为中文流行音乐的类别之一,在中国内地、香港、澳门、台湾以及新加坡、马来西亚等地区广为流传[①②]。在过去的一个多世纪里,随着社会政治环境的变化,它在各方面都经历了不断的改革[③④]。因此,华语流行音乐也被认为是一种吸收了全球性音乐元素的特殊音乐类型[⑤]。有学者表示,从文化融合性的角度而言,华语流行音乐在这方面体现了与韩国流行音乐的相似之处——应当被理解为由不同力量所塑造的全球性社会文化综合体[⑥⑦]。

韩国流行文化于 20 世纪 90 年代末进入中国,使中国观众对其有了逐步的认知[⑧]。这场文化风暴至今仍在延续,并来到了其第三阶段,激发了无数中国制作人出品本土化的韩系文化产品[⑨],比如电视综艺模式的引进,以及华语流行音乐对类似韩国流行音乐风格特征的融入[⑩]。

本文聚焦于华语流行音乐与韩国流行音乐的关联性,将华语流行音乐作为重点探讨对象,分析此音乐风格对文化混生价值的呈现,以及华语流行音乐与韩国流行音乐共有的文化融合特征,探究二者在风格和演绎上的潜在联系,进一步分析当代华语流行音乐风格是否被韩语流行音乐的崛起所影响。

---

① MOSKOWITZ M L. Mandopop under siege: culturally bound criticisms of Taiwan's pop music[J]. Popular music, 2009, 28(1): 69-83.

② CHEN S. Exploring Mandopop through and beyond the western lens (Book Review)[J]. China review International, 2011, 18(1): 18-22.

③ 张敏.对中国上世纪三、四十年代流行音乐的再认识[J].贵州大学学报(艺术版),2009,23(1):31-33.

④ 赵玲,李媛.我国大众音乐文化背景下的流行音乐趋势[J].音乐探索,2011,(1):68-71.

⑤ YANG H L, SAFFLE M. China and the west: music, representation and reception[M]. Ann Arbor: University of Michigan Press, 2017.

⑥ 姜鑫."中国风"音乐何时升级为"C-POP MUSIC"[J].音乐时空,2012(2):18-23.

⑦ 徐元勇.论中国流行音乐的现状及发展趋势[J].浙江师范大学学报(社会科学版),2015,40(6):21-25.

⑧ SUN M, LIEW K. Analog Hallyu: historicizing K-pop formations in China[J]. Global media and China, 2019, 4(4): 419-436.

⑨ AHN J. The new Korean wave in China: Chinese users' use of Korean popular culture via the Internet[J]. International journal of contents, 2014, 10(3): 47-54.

⑩ 蒋鑫燕.国内偶像选秀组合后劲不足的原因分析——以《创造 101》中"火箭少女"为例[J].新闻研究导刊,2019,10(8):77-78.

鉴于韩国流行音乐(简称为"韩流")在中国的流行始于20世纪90年代末,本文将针对"韩流"的三个关键阶段进行分组讨论:韩流1.0、韩流2.0和韩流3.0。根据韩国音乐网站Melon.com和中国音乐网站百度mp3和QQ音乐的年度排名数据,本文试图分析这两种音乐风格在过去20年中的变化模式,同时就韩国流行音乐与如今华语流行音乐新生态之间的因果关系提出见解。

二、文献综述

(一)全球化:由文化帝国主义到文化混生

随着全球经济、政策和文化的日益融合,新兴的全球文化可以被视为全球化发展的结果①②。但全球文化的本质一直陷入持续争论中:究竟是作为一种普遍、无差异化的单一文化,还是一种集合了不同地方特色力量的多面体?

一种观点认为,全球文化是同质的,由一种单向的力量塑造③④。此观点与文化帝国主义论密切相关,主要集中于资本主义、美国化和麦当劳化。此阵营的学者们认为,美国文化、价值观和生活方式被广泛传播,使本土文化产品的制造渐渐遵循了以美国和西方文化为核心的规则和标准⑤。瑞泽尔(Ritzer)和瑞安(Ryan)以好莱坞举例,指出由于美国电影业的影响力,各国本土电影的出品遵循了美国电影制造公式,以此获得国际认可和市场利润⑥。因此,全球文化实际上削弱了地方文化。

然而,另一种观点认为,美国化理论忽视了当前各地区涌现的新文化潮流⑦⑧。以阿巴德雷(Appadurai)和岩部町(Iwabuchi)为代表的专家认为,许多在国际上大受欢迎的文化产品源自非西方国家⑨⑩。文化混生理念则是他们核心论点的支撑——通过吸收国际性的文化力量并将之与地方性的规范和传统相融,一种独特的多元文化组合

① HALL S. The West and the rest: discourse and power [C]. HALL S, HELD D, THOMPSON K. Modernity: an introduction to modern societies. Malden: Blackwell, 1996: 185-227.

② KRAIDY M. Hybridity in cultural globalization[J]. Communication theory, 2002, 12(3): 316-339.

③⑤ SCHILLER H. Communication and cultural domination [M]. White Plains, NY: ME Sharpe, 1976.

④ SMITH A. The geopolitics of information: how western culture dominates the world [M]. London: Faber, 1980.

⑥ RITZER G, RYAN M. The globalization of nothing [J]. Social thought & research, 2002, 25(1/2): 51-81.

⑦ BHABHA H. The localization of culture[M]. New York: Routledge, 1994.

⑧ GIDDENS A. Comment: the 1999 reith lecture: new world without end[Z]. Observer, 1999.

⑨ APPADURAI A. Modernity at Large: Cultural Dimensions of Globalization[M]. Minneapolis: University of Minnesota Press, 1996.

⑩ IWABUCHI K. Globalization, East Asian media cultures and their publics [J]. Asian journal of communication, 2010, 20(2): 197-212.

便由此而生①②。文化混生理论以一种着眼于创造性和差异性的角度重新诠释了全球和地方的文化力量。

早期讨论文化混生的过程大多是描述某种混合的文化、流派和身份认知③④。当时,业界对“混生”普遍的理解仅仅是不同文化元素的结合,欠缺对地方力量的探讨。随着这一概念的发展,近年来围绕“混生”的研究明显更为深入,有学者认为在表象之余,文化混生更多的是产生新的联系和创造新的文化表现形式⑤⑥。

霍尔(Hall)表示,尽管所有国家都受到同质性资本主义和理性主义传播的影响,但接收方总是积极地将其融入其当地的价值观⑦。约瑟夫(Joseph)与芬克(Fink)认为,混生的过程并非简单的文化元素混合,在交流过程中,本土文化利用全球性资源和思想理念去不断实现地方的改革创新,形成独特的文化成果⑧。

正如巴巴(Bhabha)所言,混生不仅仅是文化领域中简单的符号学交流——相反,它需要开辟“第三空间”,强调一种“中间”的特性,由此重新引导主流话语⑨。混生性质是由复杂的权力结构构建的,为不同角色之间有意义的交流提供了一个场所。因此,文化混生可以被视为一个过程——不同的文化元素邂逅、交流、磨合。从文化混生角度而言,全球文化是多元性的、异质性的、创新性的。

显然,关于文化全球化的讨论,除了西方视角的同质化观点之外,文化混生理念也提供了一个强大的理论框架作为补充。不过,斯帕克斯(Sparks)在一篇回顾主流全球化理论的文章中指出,即便有区域性的交流兴起,美国在全球文化市场上也仍然占据主导地位⑩。在文化全球化的过程中,很少有证据显示地方对西方权力进行了有力抵抗⑪⑫。因此,应深刻挖掘关于文化融合过程中当地文化发展创新的具体实例作为支撑。

鉴于文化混生的局限性,本研究旨在为文化混生概念提供证据,以填补此领域的

①⑨ BHABHA H. The localization of culture[M]. New York:Routledge,1994.

② JOSEPH M,FINK J. Performing hybridity[M]. Minneapolis:University of Minnesota Press,1999.

③ TUFTE T. How to telenovelas serve to articulate hybrid cultures in contemporary Brazil? [J]. The nordicom review,1995,16(2):29-35.

④ KOLAR-PANOV D. Video and the diasporic imagination of selfhood:a case study of the croatians in Australia[J]. Cultural studies,1996,10(2):288-314.

⑤ GIDDENS A. Comment:the 1999 reith lecture:new world without end[Z]. Observer,1999.

⑥ PIETERSE J. Hybridity,so what? The anti-hybridity backlash and the riddles of recognition[J]. Theory,culture & society,2001,18(2-3):219-245.

⑦ HALL S. The west and the rest:discourse and power [C]. HALL S,HELD D,THOMPSON K. Modernity:an introduction to modern societies. Malden:Blackwell,1996:185-227.

⑧ JOSEPH M,FINK J. Performing hybridity[M]. Minneapolis:University of Minnesota Press,1999.

⑩ SPARKS C. What's wrong with globalization? [J]. Global media and communication,2007,3(2):133-155.

⑪ FRIEDMAN T. The lexus and the olive tree[M]. New York:Anchor Books,2000.

⑫ KRAIDY M. Hybridity in cultural globalization[J]. Communication theory,2002,12(3):316-339.

空白，并探讨混合文化是否能够实现比跨文化元素融合更深的价值，探索如今的华语流行音乐是否在本土力量的推动下实现了有意义的“第三空间”。

（二）多元融合的华语流行音乐

长期以来，华语流行音乐一直占据着亚太地区的音乐市场。鉴于众多的华侨群体，这个以普通话为主要表达模式的音乐类别体现了大量全球的文化元素[①]。

华语流行音乐的原型可以追溯至20世纪30年代的上海[②]。与中国民俗音乐融合后，当时的时代曲通过歌舞厅流传开来，为社会文化记忆打下了坚实的基础[③]。然而，时代曲通常描绘了上海奢华的生活方式，对其他地区的日常生活缺乏体现。从这个角度来看，时代曲是文化帝国主义的产物——只是将中西音乐风格特征混合，欠缺充分体现本地文化的主题[④]。随着社会和政治的变化，华语流行音乐也不断转移着中心[⑤]。1949年后，华语流行音乐来到香港，20世纪70年代转至台湾[⑥]。在多国文化的影响下，两地人民积极地将西方流行音乐类型与本地的音乐模式相结合，让全球的文化力量、表现手法、概念思想共生共存并彼此交融。千禧年后人们则见证了其在中国大陆的崛起——在这一时期，中国大陆在国际地位的提升扩大了文娱传播领域的影响力[⑦]。冯（Fung）表示，中国新生代歌手们善于演绎全球音乐流派的作品。这样的音乐借鉴和再表现过程“既不是帝国主义的行为，也不是文化和流行音乐形式单方面的涌入”，而是一种创新[⑧]。

（三）韩国流行音乐在中国市场的现状

“韩流”在中国市场的发展可以被分为三个阶段：韩流1.0、韩流2.0和韩流3.0[⑨]。

---

① 兰杰，赵文. 中文流行歌曲中英汉语码转换的结构特征[J]. 新疆大学学报，2012，40(3)：138-142.

② MOSKOWITZ M L. Cries of joy, songs of sorrow: Chinese pop music and its cultural connotations[M]. Honolulu: University of Hawaii Press, 2010.

③ STEEN A. China pop love, patriotism and the state in China's music sphere[J]. Temp: Tidsskrift for Historie, 2013(6): 115-138.

④ 张敏. 对中国上世纪三、四十年代流行音乐的再认识[J]. 贵州大学学报(艺术版)，2009，23(1)：31-33.

⑤ WITZLEBEN L. Cantopop and mandapop in pre-postcolonial Hong Kong: identity negotiation in the performances of anita Mui Yim-Fong[J]. Popular Music, 1999, 18(2): 241-258.

⑥ KRAIDY M. Hybridity in cultural globalization[J]. Communication theory, 2002, 12(3): 316-339.

⑦ CHEN S. Exploring Mandopop through and beyond the western lens (Book Review)[J]. China review International, 2011, 18(1): 18-22.

⑧ FUNG A. Deliberating fandom and the new wave of Chinese pop: a case study of Chris Li[J]. Popular music, 2013, 32(1): 79-89.

⑨ SHIN H. Have you seen the rain? And who'll stop the rain? The globalizing project of Korean pop (K－pop)[J]. Inter－Asia cultural studies, 2009, 10(4): 507-523.

中国观众对韩国歌曲的消费始于两国在1992年外交双边关系的促进[①]。随后,网络的发展使其在2.0阶段迈向全球。此时,韩国流行音乐通过建立偶像组合子团体、发布普通话版本的歌曲、在中国举办演唱会等战略,迅速席卷了中国市场[②]。

韩国流行文化在2010年年初步入了第三阶段,更多的韩流产品涌入了中国市场。尤其是在电视剧和真人秀领域,我们可以看到交易的急剧增长[③]。张(Zhang)和尼格斯(Negus)也表示,如今中国华语偶像制作的蓬勃发展与韩国流行音乐有直接关系,在很大程度上改变了中国的音乐产业面貌[④]。

不少研究挖掘了韩国流行音乐在中国受到欢迎的原因[⑤⑥⑦]。首先,中国市场对资本的开放,被广泛认为是韩国流行文化产品进入中国的一个重要因素[⑧]。中国公司投资韩国音乐产业,为本土数字经济的快速增长寻找内容创造上的灵感和借鉴。而两国在音乐产业上的合作,促进了行业内人员和表演者的流动和合作[⑨]。这些跨国交易奠定了韩国流行音乐在中国市场中的突出地位。

可见,过去的研究为韩国流行音乐在中国的发展提供了一定的背景说明。然而,大部分文献关注的是韩流整体而不是流行音乐本身,只有少数研究重点分析韩国流行音乐在中国的流行原因,并不符合本研究讨论的重点。本研究旨在借鉴全球化的理论框架对二者进行讨论,并分析韩国流行音乐的传播是否给华语流行音乐的制作和表演带来某种程度的影响。此外,混生性是本研究的核心。因此,在研究这两种音乐风格之间的关联时,我们需要在特定的时代背景下进行讨论分析。

三、研究方法和数据收集

本研究主要采用的是内容和文本分析方法,相应地归纳和统计特定的词或者概

---

① SUN M,LIEW K K. Analog Hallyu:historicizing K-pop formations in China[J]. Global media and China,2019,4(4):419-436.

② NEGUS K. From creator to data:the post-record music industry and the digital Conglomerates[J]. Media,culture and society,2019,41(3):367-384.

③ 王丛. 韩娱经济学[M]. 北京:中信出版社,2015.

④ ZHANG Q,NEGUS K. East Asian pop music idol production and the emergence of data fandom in China[J]. International journal of cultural studies,2020,23(4):493-511.

⑤ CHUA B,IWABUCHI K. East Asian pop culture:analysing the Korean Wave[M]. Hong Kong:Hong Kong University Press,2008.

⑥⑨ 向勇,全基永. 韩国文化产业立国战略研究[J]. 华中师范大学校报,2013(4):107-112.

⑦ 张生茂. "韩流"的文化现代性再审视[J]. 山西农业大学学报,2015,2(14):191-196.

⑧ LEE S. Introduction:a decade of Hallyu scholarship:toward a new direction in Hallyu 2.0[C]//Lee S,NORNES A M. Hallyu 2.0:The Korean wave in the age of social media. Ann Arbor:University of Michigan Press,2015:1-26.

念，分析文本之间的关系，从而就其所反映的背景信息、所属时代、社会环境等进行推断。音乐排名来源于中韩两国的主要音乐流媒体网站——Melon.com 和百度 mp3/QQ 音乐。

鉴于 20 世纪 90 年代末和 21 世纪初存在的中国音乐产业不够成熟、播放平台分散等问题，当时的音乐下载和收听主要依靠搜索引擎，因此，本研究收集了百度 mp3 上的音乐趋势和排名，以分析 2011 年之前的华语流行音乐。而 2011 年之后的华语流行歌曲，数据来自 QQ 音乐巅峰榜。

样本数量的采集是以各年度榜单排名中歌曲在录最少者为准，也就是在百度 mp3 年度榜单所示的 30 首/年。本研究选择了 1995 年至 2020 年的年度前 30 首韩语和华语流行歌曲进行分析，共计 780 首音乐作品，根据年份划分了三个时间段来研究这两种音乐风格之间的联系：1995—2005 年（韩流 1.0）、2006—2015 年（韩流 2.0）和 2016—2020 年（韩流 3.0）。

本研究在挖掘歌词含义和编曲特点后，通过频率分析，直观呈现了两种音乐风格中各个混生性元素的数量和发展变化。此外，本研究还采用了相关分析来探索两种音乐风格之间的因果关系，尤其是针对每年前 30 首热门歌曲中的偶像音乐比例进行了单独统计及比例汇总，并按照之前所提及的三个关键性时间段进行观察和对比。最后，数据通过 SPSS 进行了科学处理，结果通过图表进行了展示，每一个时间线周期都清晰地呈现了两种音乐风格的变化。

四、数据分析

（一）文化混生元素和趋势对比

如图 1 所示，在韩国流行音乐中通常有三种文化混生成分：歌曲制作团队、多语言运用和非韩籍表演者。在 780 首样本歌曲中，多语言的呈现占据了 80.99%，是最重要的混生元素。在这些歌曲中，12.13%是由多国表演者所演绎的，部分是拥有外国背景的歌手，部分是拥有非韩籍成员的偶像组合。最后，集合国际力量的编曲制作占据所有歌曲的 6.87%。

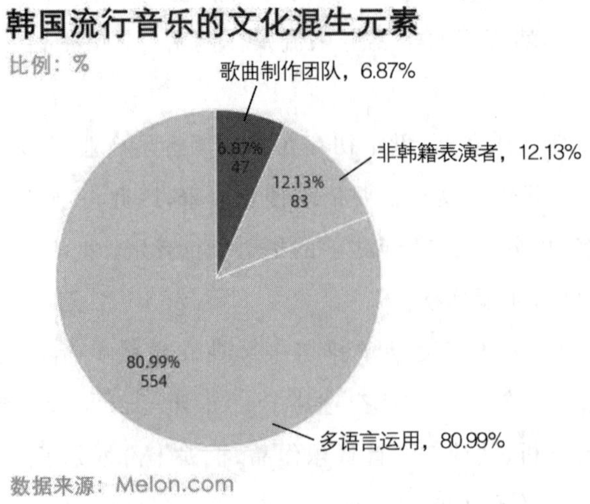

图 1 韩国流行音乐的文化混生元素

如图 2 所示，华语流行音乐呈现了与韩国流行音乐相似的文化混生元素，比如歌曲制作团队、多语言运用、非中国籍表演者等，分别在 780 首歌曲中占 28.6%、44.88%和 16.05%。与韩国流行音乐不同的是，在华语流行音乐的文化融合呈现上还包括第四个常见元素，即歌曲改编翻唱，占比 10.47%。

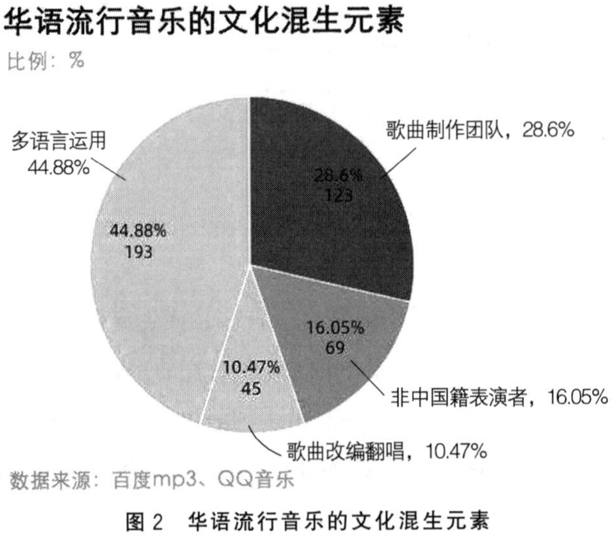

图 2 华语流行音乐的文化混生元素

从 1995 年到 2020 年，韩国流行音乐里的语言混合持续增加，远超其他混合成分(见图 3)。非韩籍歌手的总体数量尽管有限，但一直很突出。这一趋势在 2003 年达到顶峰。这一现象或许与歌手宝儿于2002年在日本取得空前成功相关①。在她横空而出后紧接着的2003年,具有多国和多元文化背景的韩流歌手数量急剧上升,总体上超过了2000年前的数量。

国际团队音乐制作在2008年前十分罕见,但在那之后数量成倍增加,并在2020年达到了顶峰。这可能与韩国调整产品出口产业政策相关。Oh曾表示,参与音乐制造的全球分工是出口韩流产品的关键。这个过程与其他商品的产业链十分相似——将原材料外包,然后在全球市场上销售,正如韩系汽车和电子产品②。因此,国际作曲家在韩国音乐制造过程中的前期参与可以被视为韩国音乐产业和商业战略的一部分。

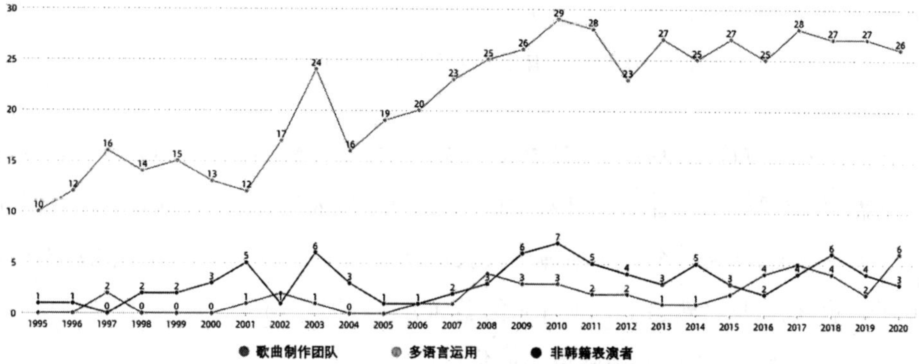

数据来源:Melon.com

图3 韩国流行音乐文化混生趋势(1995—2020)

在华语流行音乐中,多语言的混合总体呈现出上升趋势(见图4)。20世纪10年代中期是华语流行音乐在中国内地崛起的重要历史时期,当时,内地音乐选秀节目开始流行,伴随着台湾和香港地区年轻歌手的强大影响力,共同促进了华语流行乐坛的繁荣。赵玲和李媛针对中国流行音乐趋势的研究结论指出,歌手大量使用英语来构建酷角色,作为一种视觉符号商品被年轻观众消费③。这便可以解释为何英语在流行音乐中的使用在2006年达到了顶峰——这正是新生代歌手们开始占领华语乐坛的重要历史时期。

全球性的制作团队一直是华语流行音乐的重要组成部分。然而,早期它们大多仅在港台地区歌手的作品中有所体现。

改编歌曲主要出现在2003年以前,2003年之后数量有所下降,2010年后几乎不

---

① JUNG E. Transnational Korea:a critical assessment of the Korean wave in Asia and the United States[J]. Southeast review of Asian studies,2009(31):69-80.

② OH I. The globalization of K-pop:Korea's place in the global music industry[J]. Korea observer,2013,44(3):389-410.

③ 赵玲,李媛.我国大众音乐文化背景下的流行音乐趋势[J].音乐探索,2011(1):68-71.

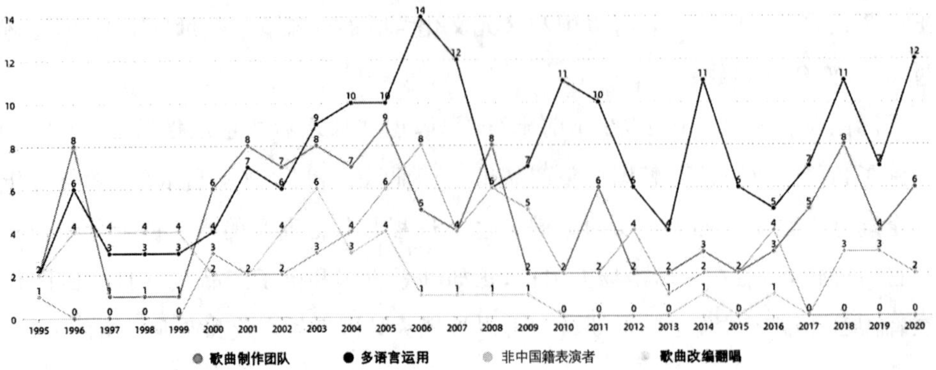

数据来源：百度mp3、QQ音乐

图 4 华语流行音乐文化混生趋势(1995—2020)

复存在。虽然没有确切的原因或证据能够解释这一现象，不过我们可以提出一些猜测。一方面，受早年进口音乐的启发，更多的华语音乐人可以自己创作，无须翻唱外国歌曲。另一方面，在文化全球化环境中成长的新生代歌手们，其音乐品味被全球音乐产业所影响，他们早已熟悉了各种音乐类型和流派。因此，当他们开始独立创作时，他们便很自然地制作出更适应国际市场的华语流行音乐。

非中国籍歌手在千禧年后陆续涌现，他们中的大多数人主要聚集在台湾发展，他们在华语乐坛的突出地位得益于台湾音乐产业的崛起。就像 Fung 所观察到的，“2000 年以来，每年中文歌曲的权威奖项几乎都被台湾歌手收入囊中”①。这凸显了台湾在华语流行乐坛的中心地位，台湾制作的华语音乐在世界各地华人社区中备受追捧。

(二)内容呈现上的地方性特色

在这 780 首歌曲中，有 90 首彰显了一定程度的中国文化(见图 5)。这些歌曲通过三种方式来展示中国文化：其一，主题中呈现家国或民族情感；其二，引经据典，歌词呼应特定历史文化；其三，编曲中加入中国传统乐器。

首先，第一种类型的歌曲大多在宏观主题上呈现一种中华民族情，比如 S. H. E 的《中国话》，描述了全世界范围内兴起的中国文化热潮，在旋律的编排上结合了电子、舞曲以及嘻哈等风格，通篇歌词则是人们耳熟能详的各式绕口令，极具中国特色。第

① FUNG A. Think globally, act locally: China's rendezvous with MTV[J]. Global media and communication, 2006, 2(1): 71-88.

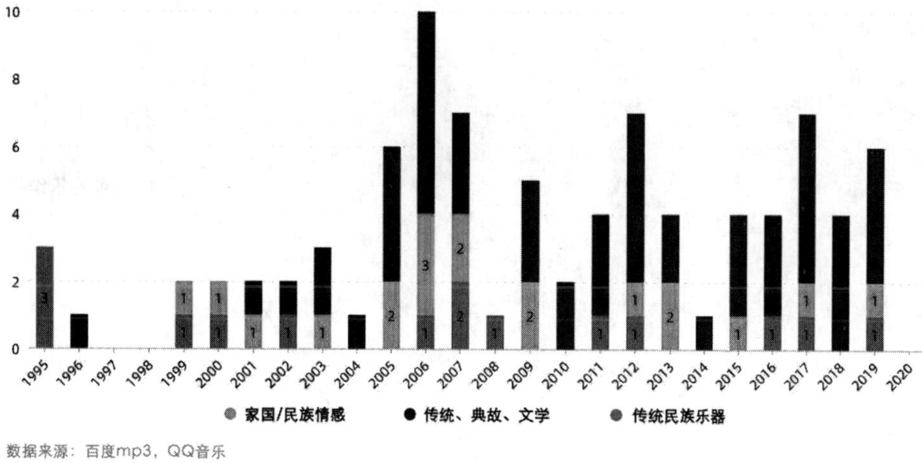

图5　中国文化在华语流行音乐中的体现(1995—2020)

二种类型在大多数中国风歌曲中都有所体现，比如《花田错》引用了同名京剧唱词。第三种类型是将中国传统乐器融入编曲，这也是最常见的表现中国文化的方式，数量远远超过前面两种。琵琶、二胡、葫芦丝和古筝等中国传统乐器被频繁运用到众多歌曲中。

20世纪90年代和21世纪初，华语流行音乐里的中国性质的内容并不常见。从2005年开始，这样的内容才逐渐增加，并在2006年达到巅峰。在2006年度的30首热门歌曲中，有6首歌曲使用了中国乐器，3首歌曲在歌词里凸显了中国传统，还有一首歌曲介绍了道德文化。然而，中国内容在样本歌曲中只占据很小的比例，仅有不到20%。

（三）关联性

在分析对比了华语流行音乐和韩国流行音乐之间的相似性后，我们挖掘了三种出现在华语音乐中的元素：其一，源自韩国流行音乐的中文版改编；其二，有韩国音乐演艺经历的歌手；其三，偶像音乐作品。根据“韩流”发展的三个阶段，我们将样本歌曲中对这些元素的统计，分别按照韩流1.0、韩流2.0和韩流3.0进行了汇总(见图6)。

从韩流1.0向韩流2.0过渡阶段，具有韩国音乐演艺经历的歌手数量一直保持在1%左右，而在韩流2.0阶段则急剧上升至9%。紧接着，在韩流3.0阶段则再次上升。有学者认为，韩国文化产品进口中国的情况取决于中国对外的文化政策[①]。

① CHEN L. The emergence of the anti-Hallyu movement in China [J]. Media, culture & society, 2017, 39(3): 374-390.

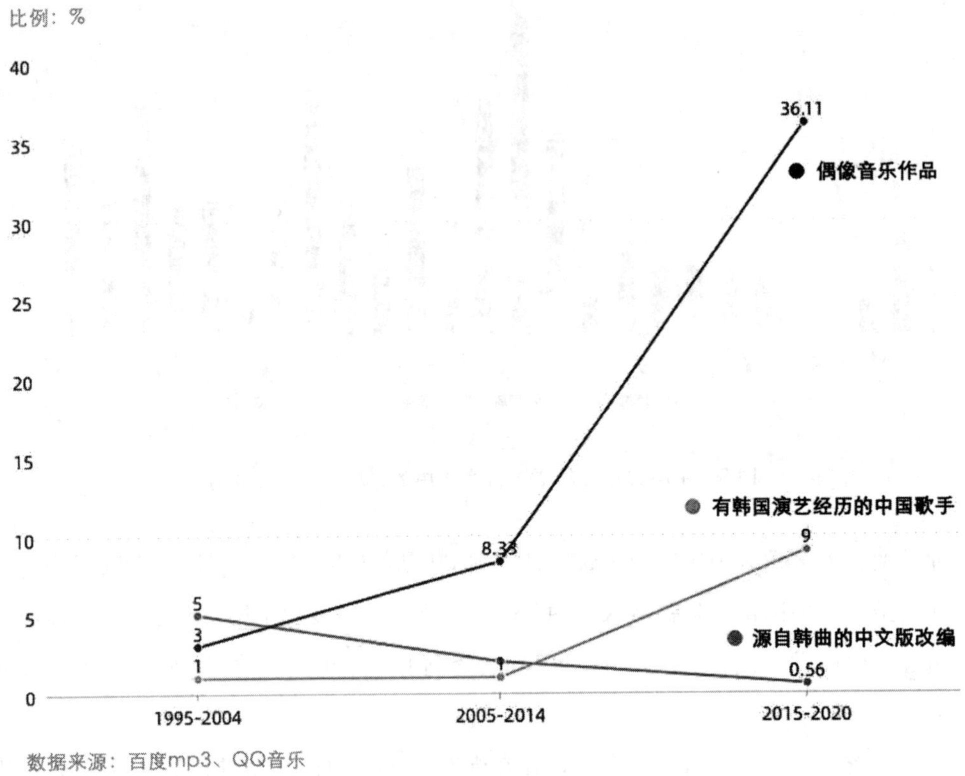

图 6 华语流行音乐和韩国流行音乐的关系变化

在 21 世纪的前十年，韩国经常推出有中国成员的歌手团体，以此进行本土化营销。然而，在 2016 年，作为对萨德末端高空防御系统的自卫性行动，中国政府和文化部门对韩流内容实施全方位制裁，包括电视节目、电视剧和韩国音乐视频等，韩流明星也被禁止在中国电视节目或任何公开活动中出现①。

随着中国民众反韩情绪的愈演愈烈以及对韩国文化产品的不断抵制，一些加盟韩国歌手团体的中国籍成员陆续返回国内开展演艺活动。很快，他们便填补了“韩流”撤退后留下的市场空缺，前期积攒的名气和庞大的粉丝基础也让他们在国内的发展顺利起航。比如在 2020 年，来自韩国团体 EXO 的中国籍成员张艺兴，凭借个人华语专辑《莲》打破了 9 项数字榜单纪录②。

相比之下，直接改编自韩国流行音乐的华语歌曲数量则呈现出下降趋势，从一开

① KIL S. China's blockade of cultural Korea marks troublesome anniversary[N/OL]. Variety, 2017-08-24. https://variety.com/2017/film/asia/china-ban-on-korea-culture-anniversary-1202537823/

② 张艺兴数字专辑《莲》上线腾讯音乐娱乐预售破 9 项纪录 销售量破 150 万张[N/OL]. 界面新闻, 2020-05-29. https://www.jiemian.com/article/4450517_qq.html

始的5%降至2%,直到最后的0.56%。造成这一下降趋势的原因,与前文关于歌曲改编数量下降的解释相类似。正如前文所述,中国本土的创作力量已经能够充分借鉴全球音乐风格的特色,创作出属于自己的原创作品,所以不需要再翻唱外国流行歌曲。

最为显著的增长元素是华语乐坛中偶像音乐的数量,从第一阶段的3%略微增长到第二阶段的8.33%,然后在第三阶段大幅增长到36.11%。从数量上看,在前十年的热门华语歌曲中,一共只有9首偶像歌曲。然而,最近五年足足有16首,主要来自那些有韩国偶像团体经验的歌手。

五、讨论和总结

华语流行音乐经历了长达近一个世纪的转变。在全球声景里不同文化流动的影响下,如今这一音乐风格的面貌既被全球化进程塑造,也是中华民族社会变化的结果。引入国际化的音乐风格、学习邻国的内容制作策略,今日的华语流行音乐充分彰显了其在风格意义上的多样性。跨国特征深深地嵌入华语流行音乐的当代风格中:中英文语言混合使用、西方流行音乐与中国传统音乐相融合、多国表演者的参与呈现……无疑,它向世人展现了一种全球性的外观面貌。

以韩国流行音乐作为参考,研究结果发现,华语流行音乐和韩国流行音乐两种音乐类型的文化混生特征十分相似,二者之间有着密切的联系。但这些混生属性之间也有许多不同之处,在数量和具体表现形式上存在区别。

首先,歌曲翻唱改编是华语音乐早年的一个重要组成部分,在1995年到2005年间占据很大的比重,但在同期的韩国流行音乐中却极少见到。这意味着当时的华语音乐正处于向西方和亚洲邻国学习的阶段。因此,新型的混合体裁和表演模式在那个时期涌现。

然而,这也指向了全球化议题中的一个重大问题——文化同质性和美国化。尤其是伴随着歌词里中英文的混合使用,以及近年来热门歌曲中英语元素的增加,这股强大的美国文化力量似乎让本土—全球的沟壑进一步扩大了。从这个角度来看,华语流行音乐似乎只是简单地集合了全球性的多样文化元素,并未突出中国特色文化的存在感,不具备构造一个有意义的第三空间的资格。

其次,多国籍歌手的参与类型也有所区别。在韩国偶像团体中,大都是韩裔歌手和非韩籍组合成员,而在华语流行音乐领域,外籍歌手相对表现突出。这些外籍歌手自1995年开始就活跃在华语流行乐坛,并一直占据十分重要的地位。值得注意的是,这些歌手大部分来自东南亚地区,中国传统文化在当地华人群体中得到了代代传承。

这也从侧面反映出中国传统文化价值与华语歌曲的全球面貌之间有着微妙的联系。这些非中国籍歌手在中国本土市场上的人气程度也充分表明,对于华语流行乐坛而言,海外侨民不仅是人才库的重要组成部分,也是很大一部分消费者群体。在此层面看来,这些非中国籍歌手自身的跨国性、全球性价值,可以被视作一种国际桥梁,让广大的华侨华人与国人紧紧相连,通过音乐构建出一个创造力十足的话语空间。因此,华语流行音乐承担着传播中介的角色,标志着中华民族的文化根源、群体身份认同和民族归属感。它自身所具有的文化特殊性、社会性,代表了中华民族强大的精神力量。

而关于华语流行音乐对中国传统文化的呈现手法,本研究发现,通过在编曲中加入中国传统乐器,以及在歌词中涉及传统典故、家国内容和民族情感,华语流行音乐在一定程度上彰显了中国内容。显然,许多中国风的歌曲中混合了民谣、节奏蓝调和嘻哈饶舌等西式音乐元素,因此,以中国风为代表的华语流行音乐可以被看作一种创造性的文化混生形式——试图通过全球化背景下的文化交流,重构和重新定义自身的区域身份。它通常体现在歌曲往往由非本土歌手演唱,以更有效地唤起当地华人的文化归属感。这表明,华语流行音乐可以作为一种文化手段,构建一种想象共同体、一种不被政治身份所定义的身份意识。

然而,研究发现,有不少问题阻碍了华语流行音乐构建混生文化第三空间的可能。首先,这类歌曲的数量有限。在本次研究所采集的样本中,它仅仅占据总数的 20%。即使是中国风类型歌曲最多的 2006 年,也只在 30 首歌曲中出现了 10 首。除此之外,中国风歌曲的另一大问题在于它毫无意义的歌词内容。从语义和内容上来看,它只是进行了浅显的、表面化的引用。这种中西混合音乐形态只停留在艺术创新层面上,而非对中国文化相关主题进行传达。当代中国风歌曲只是一个相对空洞的符号,与其他全球文化产品实际上并没有本质区别。

在中国风歌曲里呈现的所谓中国元素,虽然形式上有所创新,加速了中华传统文化在全球范围内的传播,但是,高度商业化的华语流行音乐产业也催生了一批毫无意义的劣质文化产品。现代音乐生产的流水线系统旨在以压缩时间和成本来实现利润最大化,于是许多音乐公司和制作人开始大肆套用成功模式,对前期的热门中国风歌曲旋律、结构和节奏进行复制,继而反复生产相似的作品。打着“中国风”的名号,利用民族感消费听众,实则推出的音乐作品大多是陈词滥调,缺乏真正意义上的创新。其次,错误的引用也时常在某些中国风歌曲的歌词里出现。比如周杰伦于 2007 年发行的《青花瓷》一曲中,歌词“临摹宋体落款时却惦记着你”出现了关于青花瓷器的错误,即宋体落款从未出现在青花瓷器中[①]。作词人的考究不足、制作者对相关文化知识的欠缺、歌手的错误发音等，都造成了中国风歌曲的文化错误频发，甚至由于创作者对一些古诗词、典故的理解有误，也常出现一些词不达意的现象，引发了不少争议。因此，华语流行音乐只有在制作上规避这些漏洞，才能在内涵上变得更有意义，升华混生性的价值。

随着改编外来歌曲数量的逐年减少，很明显的一点是，当代华语流行音乐已经找到了属于自己的独特创作风格，而不用一味模仿外来文化作品。作为一个尚处于发展中的、不断进行创新改革的文化现象，混生元素众多的华语流行音乐是否已经开辟出了一个有意义的第三空间呢？对于这个问题，其实目前我们仍无法给出一个确定性的答案，需要持续对华语乐坛的发展方向进行追踪和进一步的探索。

（符逸帆，武汉传媒学院教师）

① 张哉麟. 周杰伦《青花瓷》歌词被收藏家指出有两处错误[N/OL]. 中国新闻网，2008-02-14. https://www.chinanews.com/yl/mxzz/news/2008/02－14/1162899.shtml

以命运作桥梁:在华离散群体的生命叙事与共同体重构*

Using Destiny as a Bridge:Life Narrative and Community Reconstruction of Diaspora

◎ 汪姝伦

Wang Shulun

摘要:数字技术使地理上隔绝的人们能够共处同一场域,相互交流、彼此沟通,经由媒体所传递的信息也持续地影响着个体的自我认同和社会关系。全球疫情下,生命和生存作为人类共同的永恒命题,有效折叠和缩小了个体和群体间的各种差异,将拥有共同经历、相似感受的人们联结成为精神上的命运共同体。本研究以在华外国人视频博主在疫情之初所发布的短片及其网络评论为研究对象,使用文本分析法对短片中生命故事的呈现与命运共同体的建构过程进行了分析,发现同时空共患难的经历为人类共同体的形成提供了新的可能。

Abstract: Digital technology enables geographically isolated people to coexist in the same field, communicate with each other, and communicate with each other. The information transmitted through the media also continuously affects the individual's self-identity and social relationship. Under the global epidemic, life, as a common proposition for human beings, effectively folds and narrows the various differences between individuals and groups, and connects people with common experiences and similar feelings into a spiritual community of destiny. This study takes the short films and their online comments released by foreign video bloggers in China at the beginning of the epidemic as the research object, and uses the text analysis method to analyze the presentation of life stories in the short films and the construction process

* 本文系国家社科基金项目"人类命运共同体视阈下疫情纪录片的生命叙事研究"(项目编号:21BXW091)的阶段性成果。

of the community of destiny, revealing that the fateful experience of suffering together provides new possibilities for the formation of a human community.

关键词:生命叙事;全球疫情;命运共同体;离散群体;纪录片

Keywords: Narrative of Life, Global Epidemic, Community of Destiny, Diaspora, Documentary

一、前言

早在19世纪欧洲工业社会到来之时,自我和他人的分化就打破了人们依靠血缘和信仰所建立起来的传统共同体。许多社会理论学家开始思考"当上帝死了之后",个体与个体之间该如何避免陷入"战争状态",能够让个体结为一体、让共同体存在的东西究竟是什么?马克思提出是生产力和生产关系让人们相互依赖,涂尔干则认为基于社会分工的有机团结是共同体的新形态①。随着全球化的扩张和信息技术的进步,个体不再局限于熟人圈子,而是不可逆转地进入了"陌生社会"之中,共同体的建构方式也有了更多的可能。

2020年新冠病毒席卷全球,命运般的灾难不断地冲击着个体在社会秩序中的自我认知,刺激着人们对身份认同和理想共同体的不断追寻。在这种本体性的不安全感与存在性焦虑中,共同的命运为拥有不同国家身份的个体提供了相互联结、彼此依靠的机遇,也为离散群体融入居住地文化、建立起与居住地人们深层次的社交关系提供了可能。基于此,本研究以疫情期间在华离散群体发布于社交媒体上的视频及其下方的网民评论为研究对象,关注这一特殊群体在命运危机下对自我有着怎样的认知与定位,对于居住地及其公民又有着怎样的想象与期盼,探究共同的命运是否是当今社会下跨越身份和地域的共同体形成的关键推动力,以及命运共同体的本质又是什么。离散群体的自我讲述究竟会带来他人的认可与接纳,还是会激化矛盾引发更大的争论?这些都是本研究想要进一步探讨的问题。

二、集体命运下的共同体想象

(一)共同体的起源与发展

共同体(community)的概念最早可以追溯到亚里士多德的理论中。他将古代世

① 董金平.从神圣共同体到数字共同体:社会理论在数字时代的发展困境[J].理论与改革,2022(2):73-84,149.

界分为家族和城邦两个部分,家族是以血缘关系为联结的共同体,传承与延续血脉是该共同体的首要目的;城邦则是一种共同信仰的神圣结合,是基于人们对相同祖宗的承认而建构的共同体,异乡人只有通过神秘的加入仪式后才能从赤裸的生命变成具有城邦身份的存在者①。19世纪的欧洲,科学和技术的革新将人从传统生产关系的束缚中解放出来,过去由血缘关系和信仰关系构成的礼法共同体在市民阶级的崛起中逐渐解体,在个体自我正当权利意识的觉醒下,共同体更多地成为一种基于反思的合作,社会分工和彼此的功能需要成为个体重新聚集的原因②。

滕尼斯认为这种建立于外在、利益合理基础上的机械组合群体是人们有目的地联合起来的"社会",并非他所认同的"共同体"。在他的"小共同体"理论体系中,共同体是在情感、依赖、内心倾向等自然感情天然一致的基础上形成的密切联系的有机群体,这种认知和情感上的共同理解"就在那里",是现成的、自然存在的、不需要文字就可以相互理解的③。雷德菲尔德赞同滕尼斯的观点,但他强调真正的共同体只有在满足"三位一体"的条件下才存在:其必须是独特的、小的、自给自足的。然而,自"个体"诞生后,信息传输技术的发展进一步打破了封闭群体间沟通的壁垒,自然而然"小共同体"存在的三个必要前提不复存在,这一带有理想化色彩的概念更像是滕尼斯对理想社会状态的期待④。在社会学家涂尔干看来,现代社会的崛起就是以分工的个体为基础的有机共同体的崛起,异质性增强、同质性减弱的个体从血缘、信仰、土地的桎梏之中解放出来后,借助社会分工、彼此需要而非血缘地缘和情感联结起来的"有机团结体"才是当时共同体的真实形态⑤。由此,共同体的概念逐渐从传统生产关系中抽离,成为独立个体在权利导向意识下再联结的表现形式。

伴随着全球化和信息化的推进,不断压缩的全球时空淘汰了过去封闭的领土认知,时空的重组加上抽离化机制的拓展,个体间的联系不再局限于特定的地方性场所,而是跨过宽广时空距离得以重新组合⑥,镶嵌于地方共同体中的个体由此开始意识到自己无时无刻不与他人以及远方相连,这种"休戚相关"意识的觉醒正是安德森所言"想象的共同体"⑦存在的起点。

---

① 西登托普.发明个体:人在古典时代与中世纪的地位[M].贺晴川,译.桂林:广西师范大学出版社,2021:18-19,21.

② 董金平.从神圣共同体到数字共同体:社会理论在数字时代的发展困境[J].理论与改革,2022(2):73-84,149.

③ 鲍曼.共同体:在一个不确定的世界寻找安全[M].欧阳景根,译.北京:人民出版社,2003:6-7.

④ 丁元竹.中文"社区"的由来与发展及其启示——纪念费孝通先生诞辰110周年[J].民族研究,2020(4).

⑤ 涂尔干.社会分工论[M].渠东,译.北京:生活·读书·新知三联书店,2000:142.

⑥ 吉登斯.现代性与认同:现代晚期的自我与社会[M].赵旭东,方文,译.北京:生活·读书·新知三联书店,1998:18-20.

⑦ 安德森.想象的共同体:民族主义的起源与散布[M].吴睿人,译.上海:上海人民出版社,2003:6.

社会学家彼得·贝尔(Peter Baehr)用命运共同体(community of fate)的概念描绘了充满风险与危机的现代性社会下个体跨越时空重新聚集为一体的方式。命运指的是人们没有想到的或本想回避但又不得不面对的、具有挑战性的社会境况。贝尔认为,当巨大的灾难降临并威胁到人们共同的生命之时,个体会由于意识到彼此间的密切关联而产生强烈的凝聚力和"我们感"[①]。尽管陌生个体之间存在许多差异,但生命和生存是人类共同的永恒命题,能够有效折叠和缩小个体先前的经济水平、社会身份甚至生物学差异。2020年新冠疫情暴发以来,数字技术使得地理上隔绝的人们能够共处同一场域,相互交流、彼此沟通,经由媒体所传递的信息持续地影响着个体的自我认同和社会关系。全球各地的人们针对疫情在网络平台上各抒己见,其中,那些有着共同经历、相似感受的人们则因为命运的召唤被捆绑为同一精神共同体。在疫情的影响下,个体开始从熟人共同体"脱嵌"并"再嵌"入陌生人社会中,命运共同体的建立超越了"小共同体"的自然而然,开始依靠沟通与对话的媒介交往实践,认知和情感的认同也越来越建立在人心之上,而不是传统血缘和地方性的生产关系。

(二)离散群体的身份认同与共同体想象

现代意义上的离散(diaspora)多用于描述散居于异文化中的少数个体或族群,比如,在华留学生和外籍务工人员就是离散群体的典型代表,他们一方面享受着"流动"带来的选择自由以及丰富的跨文化资源,另一方面与居住地"物理上的亲近性与精神上的疏远性"又加剧了他们作为空间与文化"边缘人"的不确定感和身份认同上的困境[②]。在吉登斯看来,时空分离与抽离化机制加速了离散个体从先前共同体的"脱嵌"过程,使得其因为远离"原初看护者"和先前共同体而产生本体安全和存在性焦虑[③]。此外,地方性生长经历与客观联系的缺失又为离散群体贴上了"闯入者"的标签,他们对于地方文化而言始终是异质的、有距离的、难以完全融入的,天然"多重"的身份让他们在找寻自我、寻求归属时难免陷入迷茫。不过,身处异域固然会导致面临不安全感和身份认同困境,但这一由于"脱嵌"母国而产生的焦虑同时也是促使离散群体认知和学习客观世界的关键推动力[④]。长期生活在异文化之中的离散群体为了融入当地,会

① BAEHR P. Social extremity, communities of fate, and the sociology of SARS[J]. European journal of sociology/archives Européennes de sociologie, 2005, 46(2): 179-211.

② 陈薇,柯金妍.脱嵌、再嵌与联结:离散群体的疫情叙事与共同体想象[J].现代传播(中国传媒大学学报),2021,43(8):48-54.

③ 吉登斯.现代性与认同:现代晚期的自我与社会[M].赵旭东,方文,译.北京:生活·读书·新知三联书店,1998:50.

④ 吉登斯.现代性与认同:现代晚期的自我与社会[M].赵旭东,方文,译.北京:生活·读书·新知三联书店,1998:51-53.

依靠不同的沟通工具努力发展并形成新的社交网络，以此“再嵌”入血缘地缘之外的陌生人共同体。

在自然而然“小共同体”解体后，鲍曼提出身份认同(identity)是传统共同体的替代品①，人们因认同而重新聚集。他者对自我身份的认同是离散群体融入新共同体的关键依据，在这个过程中，共同体被离散群体想象为一个充满确定性、值得信赖的庇护所，被当作他们在动荡飘摇的现代性社会中热切追求的目标。然而，寻求“身份认同”是一个引人注目的动态过程，致力于探寻“身份认同”的生活是脆弱且不稳定的，有时甚至会充斥着争吵与愤怒。为了保持身份认同建立(identity-building)的稳定性，个体会有意识地寻找能够拴住他人体验的担心与焦虑的“钉子标”，从而与有类似担心和焦虑的个体一起翻越障碍或在拥挤的壕堑中结为一体②。这种能够引起个体间共鸣的“钉子标”与命运共同体中“命运”的概念相呼应，二者都强调面临共同危机的人们在人生经历、感受和结果上有着天然的同质性，经历上的同质性促使离散个体常常以所期盼的集体的方式体验和叙述自己的故事，并在叙述过程中遵循集体的叙事基调，以此吸引其他成员的关注和理解，在赋予命运共同意义的同时收获其他个体的认同。

许多有关离散群体的研究已经发现，信息技术的发展与社交网络的普及极大地促进了离散群体与地方文化之间的交流③。一方面，他们借助微博、微信、QQ等社交网络桥接陌生/半熟关系网，建立起了更广泛的社会关系网络；另一方面，网络社交平台也为他们提供了记录与表达的通道，他们借助文字和视频记录自我经历，抒发内心情愫，解构刻板印象以重塑自我媒介形象④。书写与叙事是现代社会个体用于形塑自我认同、找寻身份归属的重要手段，个体通过将自我生活历程与宏观社会背景相勾连，以唤醒休戚相关的命运共同体意识，抵御现代性的自我困顿和无法改变的命运现实⑤。新冠疫情期间，许多曾经或正在中国的外国人在国内视频网站上讲述抗疫经历、还原疫区生活，以个体视角书写生命故事，并超越个体记忆实现对集体故事的拼接。讲述的同时，伴随着他人的观看与解读，传受双方的互动交流又进一步扩展了生命故事的内涵与意义。观看者通过发表评论参与到生命故事的生产与再生产实践之中，并基于对生命的共情以及与生俱来的道德感，与讲述者形成对苦难共同的认知和解释系统。

---

① 鲍曼.共同体:在一个不确定的世界寻找安全[M].欧阳景根,译.北京:人民出版社,2003:13.

② 鲍曼.共同体:在一个不确定的世界寻找安全[M].欧阳景根,译.北京:人民出版社,2003:14.

③ 赵瑜佩."世纪潮一代"的网络社会资本重构:对比在英流寓华人 Facebook 和微信的数字化融入[J].国际新闻界,2018,40(3):40-62.

④ 伍麟.风险的生活叙事与自我认同[J].哲学动态,2016(9):92-98.

⑤ 陈薇,柯金妍.脱嵌、再嵌与联结:离散群体的疫情叙事与共同体想象[J].现代传播(中国传媒大学学报),2021,43(8):48-54.

当个人的书写与记录上升成为一场集体记忆的建造，一个能够超越血缘、地域甚至生物学差异的命运共同体也就诞生了。

因此，本研究选择具有较大影响力的在华留学博主“歪果仁研究协会”（以下简称“歪研会”）和在华日本纪录片导演竹内亮在“哔哩哔哩”视频平台上发布的疫情 Vlog 和纪录片作为研究对象。自疫情暴发以来，许多视频博主借助 Vlog 和纪录片来讲述疫情故事、再现疫情历史和呈现自我，建构起有关疾病和生命记忆的媒介文本。其中，具有“多重”身份的离散群体所制作的视频在国内社交网络上引起了巨大反响，不仅收获了大量国内网民的认可与赞同，还激发了他们的自我表达与反思。本研究选取这两位在中国有着较大影响力的外国博主，其中，“歪研会”由在华留学生创办，以拍摄在中国的生活 Vlog 为主，疫情期间创作的系列视频有着极高的播放量；竹内亮则是来自日本、居住在中国的专业纪录片导演，主要拍摄与中国相关的纪录片，其 2020 年创作的《南京抗疫现场》《好久不见，武汉》等疫情纪录片引发了网友大量的关注与讨论。通过限制主体和剔除无效样本，本研究选取了 2020 年 1 月至 2021 年 1 月期间两位视频博主所发布的疫情相关 Vlog 或纪录片以及“哔哩哔哩”平台视频下方的网友评论作为研究素材，采用文本分析法和话语分析法对疫情纪录片中的生命故事的呈现和命运共同体的建构进行研究。

三、命运的联结：寻找自我与认同

对于离散群体而言，身份认同不仅是传统共同体的替代品，还是他们始终无法忽略的内心叩问。许多社会学学者认为身份认同包含个体（主体）和社会（集体）两个层面的含义，自我认同（self-identity）强调个体的心理和体验，以自我为核心，社会认同则强调人的社会属性，是“一个人对其所属的社会类别或群体的意识”[①]。叙事既是认知意义上的表述，也是情感意义上的表达。人们通过叙事凝结和固化生活体验，会在讲述过程中将认知图式与情感元素紧密结合，渗透出其对自我和集体的认知。本文在这部分首先分析了离散群体寻求居住地人民认同、渴望融入当地共同体的深层原因，然后总结外国博主所发布视频内容的特点，观察在新冠疫情这一富有命运特征的事件背景下，具有多重身份的离散群体在叙述中如何看待自我与他人的关系、他们的讲述是否为命运共同体的形成打下了基础，进一步探讨现代性社会下离散群体的身份认同以及命运共同体的形成动力。

---

① 李沁，王雨馨. 华人华侨身份认同程度与中华文化传播行为研究[J]. 当代传播，2019(2)：55-60，64.

(一)风险中的自我选择

面对现代社会中的风险和不确定性，焦虑已经成为个体的基本存在形态。这种对自我与本体安全的焦虑实质上是个体对未来的担忧，源于人们的超前思考能力和反思性现场觉知(present-awareness)，即人们在感知“此刻”时，会不断地询问自己“该做什么”“如何行动”“成为谁”这些反思性问题，以制订有效的超前计划实现“对自己生活的把握”。伴随着这种对未来生活轨迹的预期，个体必须时刻准备着与过去形成某种程度的彻底隔离，并且要准备着想出新办法以避免简单沿用旧有的习惯来指导新的行动进程[①]。离散群体在远离了原先的家元共同体后，在“把握自己的生活”的过程中会遭遇种种开放的可能性，倘若继续依附于过去的行为模式，其所获得的安全将是脆弱的、随时都有可能破碎的。现代社会的分散和裂变使得个体在多元选择的世界中采取任意行动都是在种种选择对象之间进行抉择的过程，个体总是内在地服从多元化[②]。那些长期在中国学习、工作甚至组建家庭的外国人，由于“抚养者”的时空缺场而产生的信任的消极面随着其在华时间的累积已经逐渐消散，取而代之的是对能够提供安全保障和心理归属的陌生人共同体的期盼和争取，这也是个体在机遇和风险的平衡之间塑造自我的必然选择。

2020年新冠疫情暴发之初，除了未知的疾病所带来的恐惧外，中国人民还承受着来自世界各地无端的污名化、歧视和偏见，中国、中国人甚至海外中国留学生都因为疫情在现实和网络中遭到不同程度的人身攻击。在这场由疫情激化的矛盾中，与中国有着紧密联系的外国人不再是单纯的旁观者，他们在感知“此刻”针对中国的污名时，会意识到这种污名化同样也威胁到了他们自身的安全和权利。尤其是对以中国为拍摄地和素材来源的外国视频博主而言，中国并不只是一个短暂的停留之处，而极大可能会成为其未来长久的归属地，自己与中国在现实利益和情感层面也已然生成了千丝万缕的联系。当他们未来的生活同样受到中国发展境况的支配，“祸福相关”的命运共同体意识遂即觉醒，同他人一样采取冷漠的旁观态度，抑或随波逐流地歧视中国，对其而言并不是“把握自己的生活”的最佳选择，也并不能带给他们把握自身命运的掌控感。基于此，他们对自我的理解与塑造会服从于更为广泛、更为基本的目标，即建构起值得奖赏的认同和谋求稳定坚固的安全，具体表现为其有意识地去塑造对中国友好、与中

---

① 吉登斯.现代性与认同:现代晚期的自我与社[M].赵旭东,方文,译.北京:生活·读书·新知三联书店,1998:82-83.

② 吉登斯.现代性与认同:现代晚期的自我与社[M].赵旭东,方文,译.北京:生活·读书·新知三联书店,1998:92.

国同在的形象，如视频中记录与中国人民共同抗疫的经历，表明自己的立场，以及自觉承担起在国际平台上为中国发声的责任等。

(二)个体叙事描绘集体命运

在突破天生的“善”和传统血缘关系后，“共同的命运”成为个体从熟人共同体“脱嵌”后“再嵌”入陌生人共同体的关键联系，也是个体重新塑造自我、安置个体身份的重要依据。命运共同体并非凭空诞生的虚构的共同体，而是人们基于生存命题下“祸福一体”的客观现实所建构的真实联系。不过，从客观上的“祸福一体”到精神上的“祸福同当”，命运共同体的存在还需要满足两个必要条件：其一，需要在社会认知层面唤醒人类作为整体在命运上休戚相关的自觉意识，而明确的权利边界和权利意识则是产生这一自觉意识的前提，人们会通过判断其他成员是否维护自己的利益来划定其与自己是否“同命运”；其二，需要在情感层面通过“同理心”来激发陌生人之间默契合作的“情理”，同理心是个体在明确权利边界的基础上对他人权利的承认与尊重[①]。情感层面的交流和移情同时也可以让个体感受到自己的权利被尊重、自身的经历被理解，强化陌生个体间的情感联结。随着数字化传播技术的进步，作为“小共同体”最有力的防御武器的“距离”在信息无障碍流通的时代逐渐失去了曾经的力量和意义[②]。无穷的远方、无数的人经由媒介变得可以共处同一场域，相互交流、彼此沟通。外国博主在借助个体叙事重塑自我、寻求认同的同时，也在向他人释放信号、强调命运的集体性，从而借助影像媒介促成自己与相同命运下的他人认知与情感层面上的共通。

一方面，他们致力于打造“去他者化”的自我媒介形象，通过自我的讲述让公众了解到他们正在经历共同历史事件的事实。视频中他们讲述着帮助中国抗疫的经历，表明自己与中国同在、对中国命运关怀的立场；还有博主在视频中呈现了其他在华离散个体的故事，他们并没有因为疫情而逃跑，命运的降临反而让其对中国产生了更加强烈的心理归属感。此外，面对全球范围内肆掠而起、针对中国的疾病污名、谣言、偏见，这些外国博主还通过拍摄纪录片还原真实的疫情，并将相关视频发布在国际视频网站上为中国发声，维护中国人民的正当权益，在中国网民的认知中编织“我们感”：

“我们每天都在非常密切地关注着中国疫情发生的情况，在武汉、在湖北的朋友们因为病毒遇到了很多困难。看到每天增长的数据，我们感到非常焦虑和心痛……如果这10万个口罩能送到湖北武汉，能够帮上10万人度过这

① 王小章.“陌生社会”命运共同体的建构与“权利边界”[J].探索与争鸣，2022(5)：21-23.

② 鲍曼.共同体：在一个不确定的世界寻找安全[M].欧阳景根，译.北京：人民出版社，2003：10.

次难关,这将是我生命中最美妙的一件事。"(高佑思,"歪研会"创作者之一,毕业于北京大学,拍摄视频时位于以色列)

"最近有很多关于中国现状的假新闻,我希望大家更多地去关心和支持奋战在抗疫前线的医生和普通人……沉默比仇恨更可怕。"(高佑思,"歪研会"创作者之一,毕业于北京大学,拍摄视频时位于以色列)

"没有特意回(日本)的必要,现在在乡下和丹子过春节。我现在在武汉过正常的生活,而且我觉得自己是武汉人,没有回日本的必要,我要和武汉人民在一起。无论是困难的时候还是开心的时候,都想和武汉人一起度过。"(岛田孝治,咖喱店经营者,疫情暴发时位于武汉)

"中国现在是我的家,因为家在这里,离开这里的话我又能去哪儿呢?"(中村彰宏,生态学教授,拍摄视频时位于云南)

"我在中国有一种被人需要的感觉,日本在农业方面的技术和想法是很多中国人还没有注意到的,我觉得需要继续将这些传授给他们。"(川崎广人,农业专家,拍摄视频时位于河南)

另一方面,对于经历疫情的人们而言,疾病与死亡已然是他们生活中挥之不去的阴霾,"生命"由此成为疫情下人们共同的命运议题,围绕生命展开的个体叙事则是疫情命运下个体对他人对话交流的起点,也是搭建起自我与他人情感联系的桥梁。外国博主通过视频对不同国家人民的生命观表示承认与尊重、传达自己对他人生命安全的责任意识、以及他人生命故事为自己所带来的精神力量,强化了生命威胁下个体间的凝聚力和道德密度,也借此强调自己在与他人经历共同的苦难后已经形成了共同的面对危机的观念和行为模式,从而实现对命运共同体的理念建构。

在日本导演竹内亮的视频中,居住在重庆的美国人 BEN 作为酒吧老板原本仍旧希望在美国橄榄球"超级碗"决赛时组织聚众看球活动,却遭到了他中国妻子的极力反对,他的妻子认为"他很疯狂,原因可能是作为美国人没有经历过非典时期,但是此时生命才是最重要的"。竹内亮的中国妻子赵萍同样在视频中讲述了自己和丈夫在生命观上的差异:"他在疫情之初认为人总是要死的,如果命运是这样的话也没办法,但我告诉他如果我们尽最大的努力了还是不好的结果,那是没办法的事情,但是在此之前应该做最大的努力。"由于宗教信仰和文化上的差异,来自不同国家的人对待生命和死亡的态度往往也存在不同,然而,视频中的离散个体已经与居住地形成了固定的、相互依存的捆绑关系,这种"共命运"的意识促使他们更愿意、更能够去理解中国人的责任意识和抗疫政策。

“比起病毒,我更怕的是我老婆。其实病毒是很严重的,但是如果大家一起努力加油,这件事情会很快过去。中国已经有五千年的历史,应该也会有五万年的未来。”(BEN,酒吧经营者,拍摄视频时位于重庆)

“必须得戴口罩,所有地方不戴口罩进不去。所以欧洲的朋友们,不要歧视亚洲人,这个肯定有用的。虽然不可能阻挡所有的细菌,但是肯定有用的。至少不要歧视、排斥戴口罩的人,起码戴口罩的话不会给别人添麻烦。”(竹内亮,《南京抗疫现场》纪录片导演,拍摄视频时位于南京)

“歪研会”在视频中也关注到了疫情下生命个体的生存状态。疫情暴发之初,高佑思搜集了大量华人留学生遭受歧视和人身威胁的故事,用与当事人视频或语音通话的形式向观众讲述,过程中高佑思表现出了对歧视、暴行、偏见的强烈反感,并在听到华人留学生被殴打、被言语攻击时展露出愤怒与心痛。在武汉疫情有所好转之后,高佑思还专程去到武汉了解武汉人的抗疫故事,亲身领略到在面对生命威胁时武汉人坚毅的抗疫精神与强烈的社会责任感,并由衷地为武汉人感到自豪。

“这些是网上大部分与此次歧视相关的负面评论,如果你隐去其中的中国人将其换为黑人,你会发现这是 20 世纪 50 年代的美国;如果你将黑人换成犹太人,你会发现这是 20 世纪 30 年代的德国。人类经历过的教训,又成为人类正在经历的苦难。”(高佑思,“歪果仁研究协会”创作者之一,毕业于北京大学,拍摄视频时位于以色列)

“我来武汉是想要了解它是如何从一个沉默的空城变成一个忙碌的、重生的城市……这一切都是从基层开始,我遇到的每一个人无论他们是社会的哪一部分,当他们面对封城和恐惧,他们以勇气、希望和对彼此的帮助设法克服了困难……我认为无论我们做什么工作,我们内心都住着蝙蝠侠或复仇者联盟这样的超级英雄,我们所有人都可以战胜恐惧,尝试去拯救自己的城市。”(高佑思,“歪果仁研究协会”创作者之一,毕业于北京大学,拍摄视频时位于武汉)

在致力于探寻自我与身份认同的过程中,个体秉持着对充满确定性、可信赖、舒适共同体的想象,会在心理上率先将自己归属于某个向往的集体,即有着自己与他人归属于同一集体的预期,从而受到集体框架和集体叙事基调的约束。个体叙事既是定义自我,也是定义外部世界,在华离散个体的讲述一开始就镶嵌在中国社会之中,他们的命运故事不仅是自我主体意识的表达,也是对他人命运共同体意识的唤醒以及对自己心目中理想共同体的现实建构。

四、生命的力量:合作意识与情感共鸣

富有命运特征的危机会加重人们的恐惧和不确定感,从而表现为对外界保持高度警戒并磨砺刀剑、夜以继日地把陌生人阻隔在门外,并查明和追捕内部的叛徒①,这份对陌生人天然的抵触和警惕使得不同国家的人们很难真正信任并接纳他者。但"生命"是与每个人都息息相关、每个人都能感同身受的议题,承载共同经历的生命故事是打破身份壁垒,弥合种族、民族与国家界限、建构共同体意识的关键载体②。基于此,外国博主所制作的疫情相关 Vlog 和纪录片基本上都是围绕生命这个话题所展开,生命叙事也是其叙事的主要手法。本文在这部分将从生命叙事的视角考察外国博主的视频在中国网民群体间的传播效果,观察其对自我的身份建构、对共同体的期盼是否得到了他人的积极反馈,并进一步探讨处于共同命运下的生命个体如何在影像媒介的刺激下对共同体进行反思与重构。

(一)命运危机下的互助与反思

尽管数字化和全球化加速拉近了人与人之间的空间距离,但身份认同中"自我"和"他人"的感官印象仍然执拗地存在。今天我们所说的"陌生人命运共同体"已不再是传统意义上天然、无条件的相互理解与彼此依靠,而是基于权利平等意识上相互尊重的合作关系,人们也已经逐渐形成了对社会、对自己与他人关系的理性认知,即不对他人抱有非分的期待,但同时也不会践踏和破坏权利的边界去掠夺他人的利益③。疫情暴发时,以高佑思为首的"歪研会"在国外第一时间为中国筹集医疗物资,并持续呼吁更多的人加入到援助中国的队伍之中。在他们看来,新冠疫情是自己与中国人面临的共同挑战,在应对这场共同的命运危机过程中,互相帮助显得尤为迫切,此外,他们还在中国人民饱受海外媒体污名化之时坚定地站出来为中国正名,呼吁抵制歧视与偏见。而在中国网民看来,"歪研会"的帮助并不是理所应当的,而是应该被真诚感激的宝贵友谊,认为这种基于权利平等意识的自觉合作精神在当今国际环境中尤为宝贵。透过他们所讲述的有关疫情下生命援助和生命关怀的故事,中国网民感受到了其对自我以及中华民族的尊重与理解,由此对他们充满感激的同时也产生了强烈的认同。

---

① 鲍曼.共同体:在一个不确定的世界寻找安全[M].欧阳景根,译.北京:人民出版社,2003:15-16.

② 周晓虹.集体记忆:命运共同体与个人叙事的社会建构[J].学术月刊,2022,54(3):151-161.

③ 王小章."陌生社会"命运共同体的建构与"权利边界"[J].探索与争鸣,2022(5):21-23.

“看着视频，脑子里突然蹦出了人类命运共同体这个词，或许这就是美好的世界应有的样子吧。”(G16—灵狼，发布于“歪研会”《从以色列找到10万只口罩直接送到湖北，湖北加油！|新冠肺炎》视频下，2020年1月29日)

“真的很感谢你们，患难才能发现谁是真正的朋友。”(偷奶糖的木木，发布于“歪研会”《疫情时期的海外华人到底经历了什么？|新冠肺炎》视频下，2020年2月20日)

“听到没有身份证我才真的觉得导演是外国人。”(百目鬼サヤカ，发布于纪录片《南京抗疫现场》下，2020年3月19日)

外国博主所讲述的生命故事除了促进他们自身被中国网民所接纳外，还刺激了原先家园共同体内部的分化与反思。在“歪研会”发布首个援助武汉的视频前后，武汉红十字会由于接受和分配捐赠款物工作不担当不作为而饱受诟病，被问责的三位红十字会负责人对生命的漠视让公众的生命权益受到威胁，公众对其一直以来的信任也因此出现了崩裂危机。原本在地缘和国家身份上都更接近的公众和组织，在命运危机之下却出现了裂变。个体出于对生命安全与自身权利的考量，会对既有的共同体成员或组织进行筛查和剔除，而那些身居远方却心系自身安危的“他人”则有可能被他们接纳为新的命运共同体成员。

(二)生命故事引发情感共鸣

除了上述认知层面所达成的理性合作关系外，命运共同体还有另一种联结方式，即共同经历与感受所带来的情感交融。在社会学家乔纳森·特纳看来，情感是把人们联系在一起的“粘合剂”，可以生成对广义社会与文化的承诺。人类共同的情感可以消弭国家和文化的边界，连通“自我”与“他者”，实现文化交流、价值传递和意义共享①。疫情故事的生命叙事实践和传播过程中，外国博主拍摄的视频成为个体间情感沟通的媒介，使得所有生命个体在相同的意义空间中进行情感交互和彼此影响成为可能。

生命叙事是叙事主体在生命成长中所形成的对生活和生命的体验和追求②。换句话说，生命叙事即为个体在成长过程中对生命和生活的感知与体验，包含了个人对生命的理解、记忆和意义建构。由于个人的生命叙事一开始就镶嵌在群体生活之中，因此具备了跃迁为集体记忆或群体精神表征的可能，在共同命运的背景下通过记录和

① 吴志远，江潞潞.外籍在华人士外宣合作与共情传播策略——对《南京抗疫现场》系列纪录片创作的思考[J].当代传播，2020(4):79-83.

② 刘慧.生命德育论[M].北京:人民教育出版社，2005:227.

储存人们过往的生命经验可以唤醒他人类似的情感记忆,也只有那些被共同体验的经历才能够促成人们一起谈论、理解并建构起共同的意义。[①] 在国内疫情逐渐得到控制、生活渐渐回到正轨后,高佑思和竹内亮亲身走访武汉,分别创作了《为什么中国疫情恢复这么快?外国人去武汉街头找到答案》和《好久不见,武汉》两部疫情纪录片。在谈及创作影片的初心时,高佑思强调"他们是如何成功地实现这一奇迹并默默恢复的,只有和当地人交谈,我才能更清楚地了解情况",竹内亮也同样表示"想让全世界的人看到武汉最真实的现状"。当他们了解到许多商家为了配合控制疫情暂停了营业、外卖员在最危险的时候冒着风险给医护人员送餐、医护工作者主动请缨奔赴前线等疫情故事,并感受到人们面对亲人去世时的遗憾、面对苦难时的积极乐观以及命运冲击下的相互扶持后,深深地为武汉这座英雄般城市中每一个微小的生命故事而动容。与此同时,这些生命故事唤醒了有着同样经历的观众的情感记忆,引发了观众强烈的情绪反应和表达欲望,并自发地在视频下方评论处留下自己对疫情的感知与记忆,同视频作者共同完成了一场生命故事的书写仪式,在讨论、分享与观看中赋予这份记忆共同的意义。

> "感谢导演拍这个视频,作为湖北人,我也很怕自己有一天会忘了,疫情期间父亲在社区工作,那时候真的全家人都很怕。后来武汉解封没多久,爷爷因为疫情无法出门看病,耽误了病情去世了。岗位的责任,亲人的离世,路途的风险,不可避免的歧视,有时候觉得真的很难,可亲身经历风雨过后才知生命可贵,也感谢伟大的祖国在灾难中给我们生的勇气和希望。"(抱抱草团不撒谎,《好久不见,武汉》视频评论,2020 年 7 月 12 日)

除了倾听个体的生命故事外,外国博主在视频中还担任着"疗愈者"的角色,他们借助影像的生命叙事传达出的关怀、理解、感动与震撼,达到了对讲述者安抚创伤、慰藉心灵的治愈效果。对讲述者而言,外国博主的出现为他们提供了倾诉的窗口和情感问题外化的渠道。遭受过心理创伤或精神障碍的生命个体,往往会在反复回想和自咎中不断回忆悲伤事件、加重自身的心理压力,"问题的外化"则是自我疗愈行动程式中的关键过程,当个体借助叙事将心底的创伤转化为外在的、可以被感知的符号文本,其实也是一种情绪的对外宣泄,并且会下意识地渴求他人的倾听、理解、同情、关注,等等[②]。当外卖小哥谈到自己因为疫情错过母亲的葬礼而潸然泪下时,网友们纷纷在弹幕中发送"泪目""心疼",作为倾听者的高佑思上前拥抱外卖小哥,并安慰道:"在我们

---

① 周晓虹.集体记忆:命运共同体与个人叙事的社会建构[J].学术月刊,2022,54(3):151-161.

② 张卓,李晨.意义、情感与认同:疫情纪录片的生命叙事研究[J].云南社会科学,2022(1):180-186.

的文化里，人即使去世了也还会存在的”，在安慰讲述者的同时也为观众带来了宽慰，促进了叙事主体和观众之间的共情。

“老高这期视频真的是很用心了。看到那个外卖小哥我忍不住泪目了，一想到这场疫情带走了这么多人的生命我真的非常难受。真的非常感谢那些奋斗在一线的英雄，没有他们就没有今天生机勃勃的武汉。”（任井，《为什么中国疫情恢复这么快？外国人去武汉街头找到答案》视频评论，2020 年 11 月 12 日）

竹内亮的《好久不见，武汉》视频所呈现的疫情之后恢复生机的武汉市井面貌也触及了观众心底最柔软的地方。在他的镜头下，人们每每想起死亡带来的无力感，都会难以控制地陷入情绪之中，但即使背负着这些悲伤的回忆，武汉人还是在努力保持生活的活力。经济冲击下还在坚持的居酒屋老板、下夜班后朝气蓬勃的护士小姐、幽默热情的出租车司机、横渡长江的冬泳大队……这些随处可见的普通生活在这场命运危机之后显得弥足珍贵，尤其是对于有着同样经历的观众而言，这些平凡个体的生命故事也治愈了他们内心因为疫情而留下的或大或小的创伤，重燃生活的热情与希望。

“谢谢亮叔，真的谢谢，在你的镜头下，每个人，真的只是……人，只有简单的一撇一捺，那么轻，却又是踏踏实实立着的，承载着生命、生存与生活，这些独属于人的非凡意义，那么重，我在镜头里看到了这沉甸甸的重量，也看到了尊重。“（Mood_mu，《好久不见，武汉》视频评论，2020 年 6 月 27 日）

“身为一个武汉人，导演把武汉的江湖气质拍出来了，一个个故事看了真的让人很感动，很真实，经历了疫情中各种悲伤与难过，相信熬过来的武汉人终究会恢复属于这个这个城市的热情与活力，我们不会忘了曾经的艰辛，我们会继续精彩的生活。”（nnmnnnm，《好久不见，武汉》视频评论，2020 年 6 月 27 日）

五、结语

全球化赋予了社群在创造与延伸上更多的主动性，风险也为社会的重新整合提供了契机。正如贝克所言，危难下如果人们“能够被成功动员和激发”，那么“在旧有的社会性正在'蒸发'的地方",新的纽带依然可以被创造出来[①]。"共同体"便是如此,滕尼斯所期盼的自然而然的"小共同体"随着社会的进步逐渐变得遥不可及,信息技术的发展却为全球个体的再联结创造了更多的可能性。过去由于国家身份而难以融合的个体,在共同的生命议题下对自我和外部世界产生了全新的认知,血缘、地缘、国籍等方面的差异也都被共同的命运所折叠。那些飘摇落寞的离散群体在命运的引导下抓住机会找到了温暖的栖居地,原先的共同体成员也被激发着反思自我、重新考量自我与他人的关系,命运由此成为搭建共同体的新桥梁。

(汪姝伦,武汉大学新闻与传播学院硕士生)

① 陈薇,柯金妍.脱嵌、再嵌与联结:离散群体的疫情叙事与共同体想象[J].现代传播(中国传媒大学学报),2021,43(8):48-54.

图书在版编目（CIP）数据

中国传媒教育观察.2023／赵倩主编. -- 北京：中国传媒大学出版社，2023.10
ISBN 978-7-5657-3478-6

Ⅰ.①中… Ⅱ.①赵… Ⅲ.①传播媒介—教育研究—中国 Ⅳ.①G206.2

中国国家版本馆 CIP 数据核字（2023）第 179865 号

中国传媒教育观察（2023）
ZHONGGUO CHUANMEI JIAOYU GUANCHA（2023）

主　　编 赵　倩
策划编辑 黄松毅
责任编辑 欧丽娜
封扉设计 拓美设计
责任印制 阳金洲

出版发行 中国传媒大学出版社
社　　址 北京市朝阳区定福庄东街 1 号　　**邮　　编** 100024
电　　话 86-10-65450528　65450532　　**传　　真** 65779405
网　　址 http://cucp.cuc.edu.cn
经　　销 全国新华书店

印　　刷 唐山玺诚印务有限公司
开　　本 787mm×1092mm　1/16
印　　张 10.75
字　　数 187 千字
版　　次 2023 年 10 月第 1 版
印　　次 2023 年 10 月第 1 次印刷

书　　号 ISBN 978-7-5657-3478-6/G·3478　　**定　　价** 58.00 元

本社法律顾问：北京嘉润律师事务所　郭建平

图书在版编目(CIP)数据